Für Android und iOS

WhatsApp einfach erklärt

Installation und erste Schritte

Sprach- und Videotelefonie

Fotos und Videos teilen

Datenschutz-einstellungen

Nützliche Funktionen

Verein für Konsumenteninformation (Hrsg.)
Steffen Haubner

WHATSAPP
Das müssen Sie wissen!

Impressum

Herausgeber
Verein für Konsumenteninformation (VKI)
Mariahilfer Straße 81, 1060 Wien
ZVR-Zahl 389759993
Tel. 01 588 77-0, Fax 01 588 77-73, E-Mail: konsument@vki.at
www.vki.at I www.konsument.at

Geschäftsführung
Mag.(FH) Wolfgang Hermann

Autoren
Steffen Haubner

Grafik/Produktion
Günter Hoy

Foto Umschlag
Primakov/Shutterstock.com

Druck
Gerin Druck GmbH, 2120 Wolkersdorf

Wir sind bemüht, so weit wie möglich geschlechtsneutrale Formulierungen zu verwenden. Wo uns dies nicht gelingt, gelten die entsprechenden Begriffe im Sinne der Gleichbehandlung grundsätzlich für beide Geschlechter.

Verein für
Konsumenteninformation
ISBN 978-3-99013-125-1

€ 25,–

Bibliografische Information der Deutschen Nationalbibliothek
Die Deutsche Nationalbibliothek verzeichnet diese Publikation in der Deutschen Nationalbibliografie; detaillierte bibliografische Daten sind im Internet über http://dnb.d-nb.de abrufbar.

WHATSAPP

Das müssen Sie wissen!

Zu diesem Buch

Überall ist von Künstlicher Intelligenz die Rede, doch eine Sache wird im zwischenmenschlichen Bereich immer das Wichtigste bleiben: der persönliche Austausch. Seit seiner Gründung im Jahr 2009 kommunizieren Millionen Menschen weltweit über WhatsApp. Andere Messenger-Dienste konnten mit dem rasanten Wachstum nie mithalten. Dafür gibt es sicherlich zahlreiche Gründe, von denen zwei ganz wesentlich für den Erfolg sind. Der eine ist eben die riesige Verbreitung, die gewährleistet, dass man heute die meisten Menschen, die digitale Kommunikationsmittel nutzen, über WhatsApp erreichen kann. Zum anderen ist es die Vielfalt der Funktionen, zu denen immer wieder mehr oder weniger sinnvolle Neuerungen hinzukommen.

So kommt es, dass sich die auf den ersten Blick sehr einfach gestrickte App bei näherem Hinsehen als recht komplex erweist. Selbst wenn Sie WhatsApp schon länger nutzen, werden Sie in diesem Buch mit großer Wahrscheinlichkeit Tricks und Möglichkeiten entdecken, die Ihnen bislang verborgen geblieben sind. Und als Neueinsteiger:in sind Sie sicher froh, nicht alles mühsam selbst herausfinden zu müssen, sondern sich Schritt für Schritt von Ihrem ersten Chat und Ihrer ersten Gruppe über das erste versendete Dokument bis hin zu fortgeschrittenen Funktionen wie Videokonferenzen und Back-ups Ihrer Daten vorarbeiten zu können. Auch als Nachschlagewerk für typische Fragen und Probleme soll Ihnen dieses Buch hilfreich zur Seite stehen.

Wenn sich Ihr Austausch mit anderen Nutzer:innen dadurch etwas komfortabler und fruchtbarer gestaltet, wäre der wichtigste Zweck dieses Buches erfüllt. In diesem Sinne: Viel Spaß beim Lesen!

Ihr KONSUMENT-Team

Für meine Mutter, die sich auch mit 80 Jahren noch traut,
neue Wege der Kommunikation auszuprobieren.
Steffen Haubner

Was Sie für WhatsApp brauchen

Google- oder Apple-Konto

Da Sie WhatsApp nutzen wollen, sind Sie sicherlich in Besitz eines Smartphones. Ob es sich um ein Android-Modell oder um ein Apple-Gerät mit dem Betriebssystem iOS handelt, ist dabei relativ unerheblich. In beiden Fällen ist die WhatsApp-App weitgehend gleich aufgebaut. Wo es doch Unterschiede gibt, weisen wir in diesem Buch explizit darauf hin. Um WhatsApp herunterzuladen, brauchen Sie ein Google-Konto (für Android) oder Apple-Konto (für iOS), neudeutsch „Account". Beide erstellen Sie für gewöhnlich bei der Ersteinrichtung Ihres Smartphones. Ihre Konten können Sie auch am PC, genauer gesagt über den Internet-Browser, einrichten und verwalten. Das fällt vielen Menschen leichter, weil man so an einem größeren Bildschirm und mit Maus und Tastatur arbeiten kann. Die Internetadresse für Android-Konten ist https://myaccount.google.com/, für iOS-Konten https://www.icloud.com/.

Internetzugang

WhatsApp-Nachrichten kommen auf zwei Wegen auf Ihr Smartphone: über eine Mobilfunkverbindung oder über WLAN. Im Rahmen Ihres Mobilfunkvertrages haben Sie ein bestimmtes Datenkontingent – das sogenannte „mobile Internet" –, über das auch WhatsApp-Nachrichten verschickt werden. Unterwegs nutzen Sie überall dort, wo es kein lokales drahtloses Netzwerk (WLAN) gibt, eine Mobilfunkverbindung. Anders als SMS-Nachrichten werden WhatsApp-Nachrichten nicht pro Nachricht, sondern nach versendeter oder empfangener Datenmenge abgerechnet. Eine reine Textnachricht verbraucht, unabhängig von ihrer Länge, nur eine sehr geringe Menge an Datenvolumen.

Die Sache ändert sich, sobald Sie Dokumente, Fotos oder gar Videos per Whats App verschicken. Dann können sehr viel größere Datenmengen anfallen. Wenn Sie planen, das regelmäßig zu tun, um etwa aus dem Urlaub Grußbotschaften zu versenden, sollten Sie mit dem Mobilfunkanbieter Ihrer Wahl über einen Tarif sprechen, der das zulässt. Das Gleiche gilt für Sprachnachrichten oder Videotele-

Hauptansicht. Mit diesem Begriff meinen wir die Ansicht, bei der oben links der Schriftzug WhatsApp erscheint. Oben rechts befindet sich die Menüleiste, in der Zeile darunter sind die Reiter mit den Kategorien „Communitys", „Chats", „Aktuelles" und „Anrufe" zu sehen.

Menü- oder Drei-Punkte-Taste. Ein wichtiges Bedienelement in WhatsApp ist die Schaltfläche mit den drei vertikal angeordneten Punkten, die in verschiedenen Anwendungssituationen und meist rechts oben erscheint. Es sagt im Wesentlichen aus, dass dahinter noch mehr Optionen oder Einstellungen kommen, weshalb man es auch „Menü-Taste" nennt. In WhatsApp kommt man damit zu den allgemeinen oder besonderen Einstellungen, abhängig davon, ob man von der Hauptansicht oder aus einer bestimmten Funktion heraus darauf tippt. Aus Gründen der Einheitlichkeit und besseren Verständlichkeit schreiben wir im Folgenden „Drei-Punkte-Taste".

Taste. Auf modernen Touchscreens gibt es natürlich keine Tasten. Weil „Schaltfläche" auf Dauer etwas zu sperrig wäre, verwenden wir den Begriff „Taste".

Scrollen. Das englische Wort für „abrollen" einer Schriftrolle, „blättern". Für Computer und Smartphones ist damit gemeint, dass man in vertikaler oder horizontaler Richtung über den Bildschirm wischt. Wir verwenden im Folgenden „scrollen" für das vertikale Wischen und „blättern" für das horizontale Wischen. Das macht beide Aktionen leichter unterscheidbar und trägt der Tatsache Rechnung, dass man beim „Scrollen" meist auf der gleichen Seite bleibt und nur die Ansicht verschiebt, beim „Blättern" jedoch wie in einem Buch die Seite wechselt.

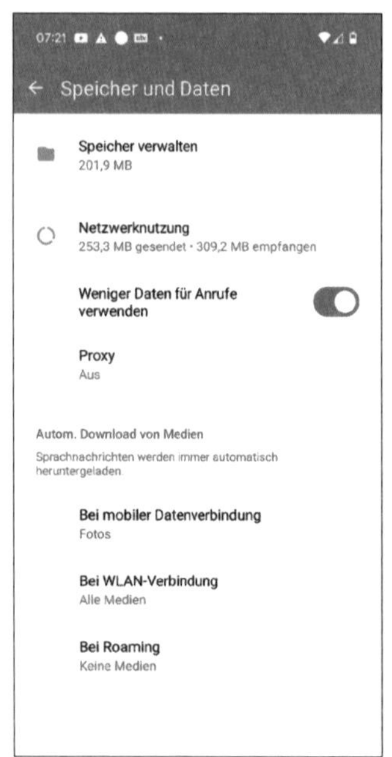

fonate. Wenn Sie nicht unnötig Daten verbrauchen wollen, melden Sie sich wo immer möglich in einem WLAN an, natürlich ganz besonders zu Hause.

TIPP. Tippen Sie in der Benutzeroberfläche von Whats App auf „Einstellungen" (das Zahnradsymbol unten rechts) und dann auf „Speicher und Daten". Um Daten zu sparen, können Sie hier „Weniger Daten für Anrufe verwenden" aktivieren. Unter Umständen leidet darunter allerdings etwas die Anrufqualität. Unter „Autom. Download von Medien" können Sie festlegen, dass Fotos, Audio-Dateien, Videos und Dokumente nur im WLAN, nicht aber unterwegs heruntergeladen werden sollen. Tippen Sie dazu auf den entsprechenden Eintrag und wählen Sie „WLAN" aus.

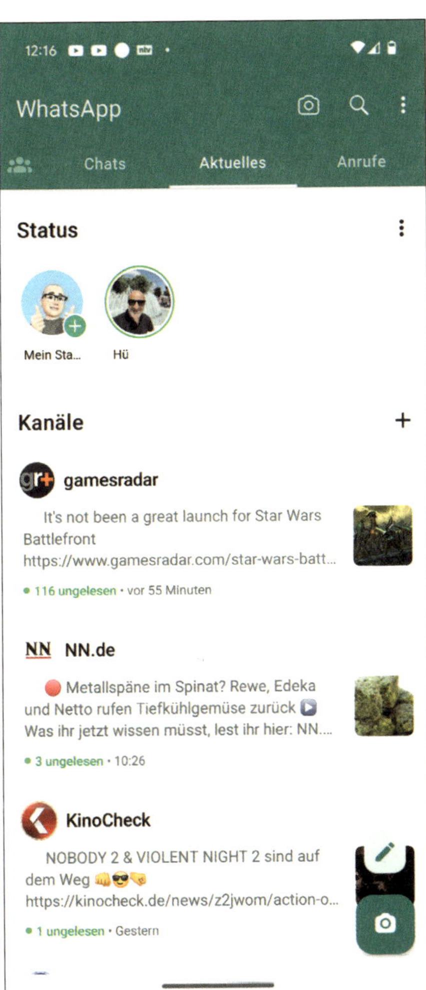

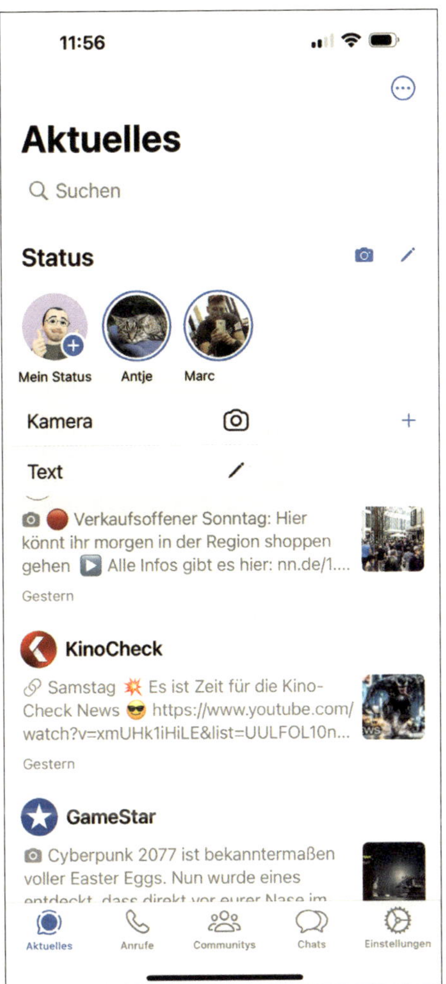

Android oder iOS? Die Apps für Android (links) und iOS (rechts) unterscheiden sich insbesondere hinsichtlich des Aufbaus und des Designs. Das betrifft zuallererst die Menüleiste, die in der Android-Version oben, beim iPhone aber unten platziert ist. Beim iPhone findet sich darin ein eigener Button für die Einstellungen (das Zahnrad-Symbol ganz rechts), während Sie unter Android auf den Menü-Button (drei Punkte oben rechts) und dann auf „Einstellungen" tippen müssen. Am Beispiel des Bereichs „Aktuelles" sind die Unterschiede gut zu erkennen. Praktisch unter iOS ist die große Suchleiste. Unter Android verbirgt sich die gleiche Funktion hinter dem Lupen-Symbol oben rechts. Welcher Version man den Vorzug gibt, ist sicher Geschmackssache. Wer mit der kleinen Schrift auf Handys nur schwer zurechtkommt, wird aber wohl den großen Symbolen in der Menüleiste der iOS-Version den Vorzug geben. Überall dort, wo es wesentliche funktionelle Unterschiede zwischen den beiden WhatsApp-Version gibt, werden wir im Folgenden explizit darauf hinweisen.

GUT ZU WISSEN. Unter „Bei Roaming" sollte in jedem Fall „Keine Medien" eingestellt sein! Denn beim Roaming surfen Sie über fremde Netze im Ausland, was unter Umständen richtig teuer werden kann. Gerade bei Videos können da im Ernstfall ganz erhebliche Summen anfallen.

Die App

Herunterladen von Google Play

Apps für Android lädt man in den allermeisten Fällen aus dem Google Play Store herunter. Er ist auf Android-Handys vorinstalliert.

- Öffnen Sie die Google-Play-Store-App und geben Sie „WhatsApp" in das Suchfeld ein.
- Die App, die Sie suchen, heißt „WhatsApp Messenger" des Entwicklers WhatsApp Inc. Sie ist grundsätzlich kostenlos. Eine Ausnahme ist „WhatsApp Business" ► Seite 132f.
- Tippen Sie auf INSTALLIEREN.

Herunterladen aus dem App Store

Apples App Store ist auf allen iPhones vorinstalliert. Auf dem iPad suchen Sie WhatsApp aber leider bislang vergeblich. Wie Sie sich behelfen können, um WhatsApp auf dem iPad zu nutzen, lesen Sie ab ► Seite 135ff. Natürlich ist auch die iOS-Version der App kostenlos.

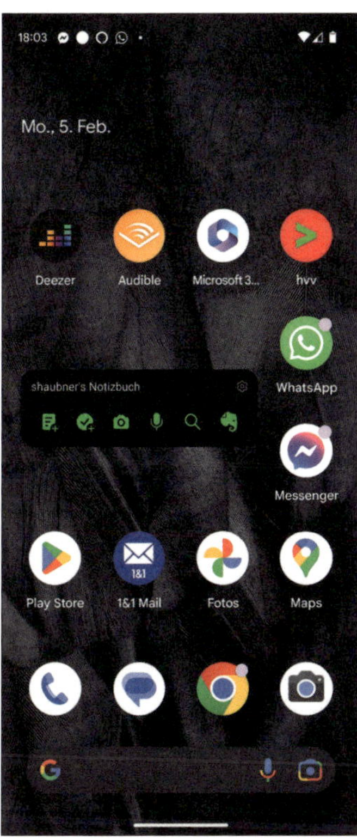

GUT ZU WISSEN. Den gigantischen Erfolg von WhatsApp wollen gewisse Anbieter und Firmen ausnutzen. Sie gestalten ihre Logos ganz ähnlich und wählen Namen, die Verwechslungen provozieren. Schauen Sie also genau hin und überprüfen Sie, ob der Anbieter tatsächlich Whats-App LLC oder WhatsApp Inc. ist. Schauen Sie im Zweifel auf die Informationen unter „Über diese App". Dort erfahren Sie zum Beispiel, dass WhatsApp mehr als 5 Milliarden Mal downgeloadet wurde. Davon können die meisten App-Anbieter natürlich nur träumen.

Die WhatsApp-App befindet sich jetzt auf Ihrem Android-Homescreen. Der helle Punkt oben rechts zeigt an, dass neue Nachrichten vorliegen

Anmelden und loslegen

- Öffnen Sie WhatsApp und wechseln Sie zum nächsten Bildschirm, indem Sie den Nutzungsbedingungen zustimmen.
- Registrieren Sie Ihre Telefonnummer.
- Geben Sie Ihren Namen ein. Sie können ihn später jederzeit direkt in WhatsApp ändern, indem Sie auf „Einstellungen" unten rechts und dann auf Ihr Profilbild tippen. Tippen Sie auf das Feld mit Ihrem Namen und ändern Sie den Eintrag bei Bedarf.

TIPP. Der Name ist bei WhatsApp nicht entscheidend. Ihr „Personalausweis" ist Ihre Mobilfunknummer. Das bedeutet aber leider auch: Sie können immer nur auf

14:10
Willkommen bei WhatsApp
Familie, Freund*innen und andere Personen, die unseren Dienst nutzen, haben deine Telefonnummer möglicherweise bei WhatsApp hochgeladen. In diesem Fall sehen sie dich in ihren Kontakten, nachdem du dich registriert hast. Mehr erfahren
Bitte lies unsere Datenschutzrichtlinie. Tippe auf „Zustimmen und fortfahren", um den Nutzungsbedingungen zuzustimmen.
Deutsch
Zustimmen und fortfahren

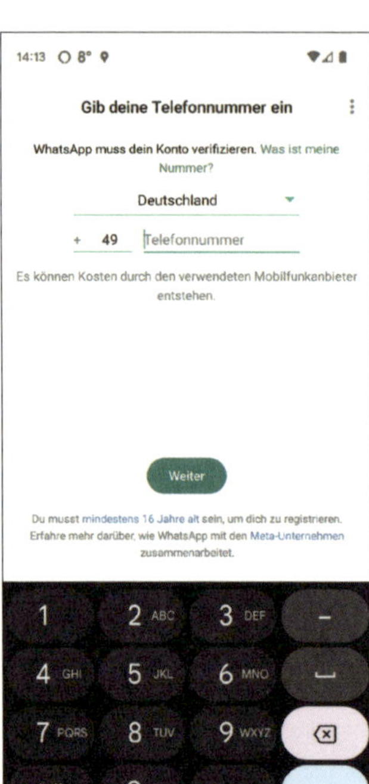
14:13 8°
Gib deine Telefonnummer ein
WhatsApp muss dein Konto verifizieren. Was ist meine Nummer?
Deutschland
+ 49 Telefonnummer
Es können Kosten durch den verwendeten Mobilfunkanbieter entstehen.
Weiter
Du musst mindestens 16 Jahre alt sein, um dich zu registrieren. Erfahre mehr darüber, wie WhatsApp mit den Meta-Unternehmen zusammenarbeitet.

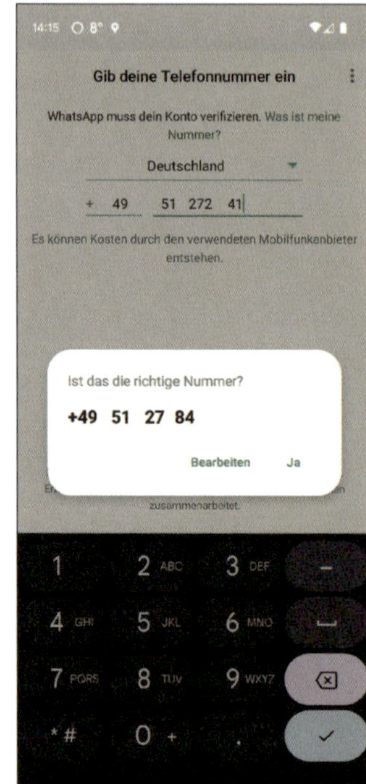
14:15 8°
Gib deine Telefonnummer ein
WhatsApp muss dein Konto verifizieren. Was ist meine Nummer?
Deutschland
+ 49 51 272 41
Es können Kosten durch den verwendeten Mobilfunkanbieter entstehen.
Ist das die richtige Nummer?
+49 51 27 84
Bearbeiten
Ja

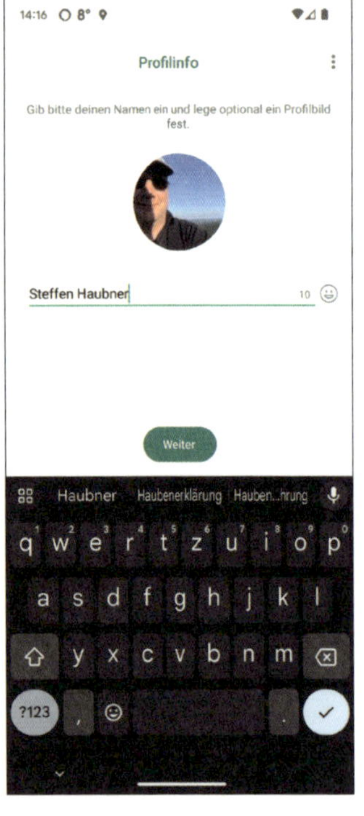
14:16 8°
Profilinfo
Gib bitte deinen Namen ein und lege optional ein Profilbild fest.
Steffen Haubner
Weiter
Haubner
Haubenerklärung

14:16 8°
Erstelle einen Passkey für eine sichere und einfache Anmeldung
Greife auf WhatsApp auf die gleiche Weise zu, wie du dein Telefon entsperrst: mithilfe des Fingerabdrucks, der Gesichtserkennung oder der Displaysperre. Dein Passkey bietet dir eine sichere und einfache Möglichkeit, dich erneut bei deinem Konto anzumelden. Mehr erfahren

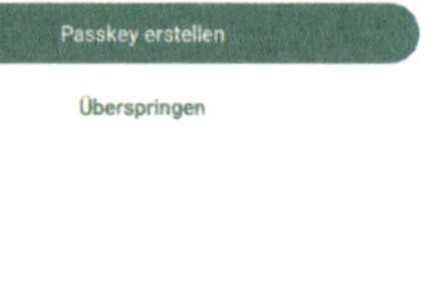
Passkey erstellen
Überspringen

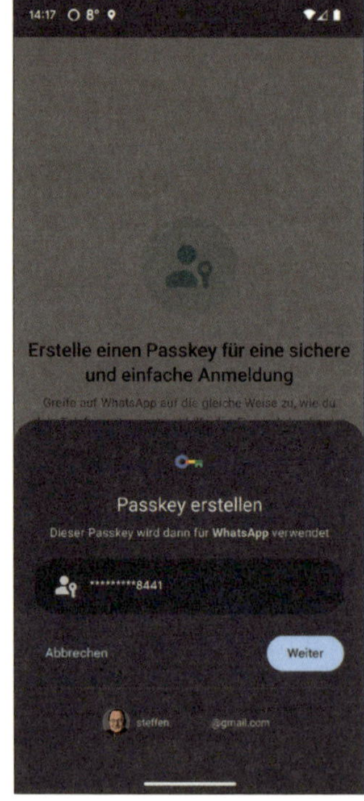
14:17 8°
Erstelle einen Passkey für eine sichere und einfache Anmeldung
Passkey erstellen
Dieser Passkey wird dann für WhatsApp verwendet
Abbrechen
Weiter

einem Gerät angemeldet sein. Möchten Sie mehrere Geräte benutzen, müssen Sie jedes Mal umständlich wechseln. Wie Sie das Problem umgehen, lesen Sie auf ► Seite 135ff und ► Seite 138f.

Wichtige Zahlen

- WhatsApp-Gruppen können bis zu 1.024 Teilnehmer haben.
- Bis zu 32 Teilnehmer können einem Gruppen-Videoanruf beitreten.
- Dateien bis zu 2 Gigabyte Größe sind teilbar.

Passkey erstellen oder nicht?

Android-Nutzer werden bei der Anmeldung gefragt, ob sie einen „Passkey" erstellen möchten. Dabei handelt es sich um eine relativ neue, passwortlose Anmeldemethode, die von Sicherheitsexperten als besonders sicher beurteilt wird. In der Praxis werden Passkeys entweder über PIN-Nummer oder mithilfe biometrischer Authentifizierungsmethoden wie Fingerabdrücken und Gesichtsscans („Face-IDs") erzeugt. Die beiden letztgenannten Methoden setzen voraus, dass Ihr Android-Telefon diese Techniken unterstützt. Ein weiterer Vorteil neben der Sicherheit

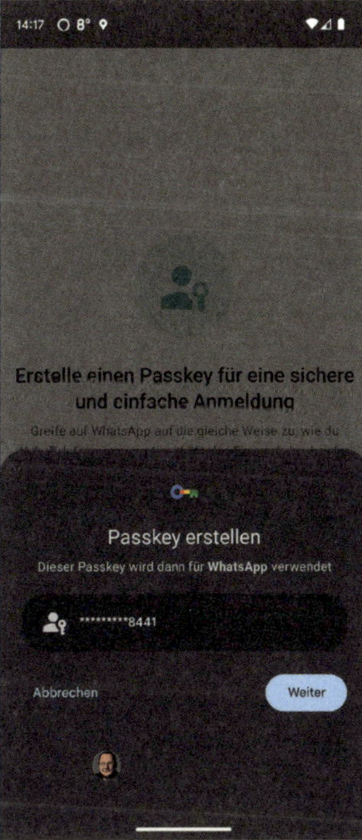

ist, dass Sie sich kein neues Passwort merken müssen. Um einen Passkey zu erzeugen, folgen Sie beim Anmeldeprozess einfach den Anweisungen auf dem Bildschirm.

iPhone. Aktuell gibt es noch keine WhatsApp-Passkey-Option. Stattdessen können Sie eine sogenannte 2-Faktor-Authentifizierung einrichten. Was das genau ist und wie das geht, erfahren Sie auf ► Seite 116ff.

WhatsApp neu einrichten

Nach dem ersten Öffnen von WhatsApp müssen Sie einige Einstellungen vornehmen, bevor Sie richtig loslegen können. Die gute Nachricht: Das müssen Sie nur einmal tun, danach ist alles dauerhaft auf Ihrem Gerät gespeichert.

- Akzeptieren Sie die Nutzungsbedingungen und Datenschutzrichtlinien. Wie immer ist es kein Fehler, diese zumindest einmal zu überfliegen. Klicken Sie dazu auf die farbig hinterlegten Worte, der Text wird im Browser angezeigt. Über das „Zurück"-Symbol rechts oben kommen Sie zu WhatsApp zurück. WhatsApp nimmt regelmäßig Anpassungen vor, die Sie dann ebenfalls durchwinken müssen, sobald Sie darüber informiert werden. Tippen Sie auf „Zustimmen" und „Fortfahren".
- Erlauben Sie WhatsApp Zugriff auf unterschiedliche Bereiche Ihres Geräts. Im Laufe der Installation werden Sie mehrmals darum gebeten. Das ist etwas, was man immer sehr ungern macht, schließlich enthält gerade das Smartphone sehr viele sehr persönliche Informationen über die Besitzerin oder den Besitzer. Es liegt aber auf der Hand, dass man bestimmte Funktionen nur verwenden kann, wenn man den Zugriff erlaubt. So kann man nur Fotos teilen, wenn man WhatsApp gestattet, auf den Fotospeicher zuzugreifen. Weitere Informationen über Zugriffsberechtigungen und Datenschutz finden Sie auf ► Seite 23ff und ► Seite 115ff.
- Geben Sie nun Ihre Telefonnummer ein. In der Regel ist hier bereits das passende Land und die dazugehörige Vorwahl, in unserem Fall also die +43, ausgewählt. Durch Antippen des grünen Pfeils wählen Sie bei Bedarf ein anderes Land aus. Oberhalb der Zifferntastatur sollte Ihre eigene

Mobilfunknummer eingeblendet sein. Tippen Sie darauf, um sie zu übernehmen. Durch die bereits eingetragene Ländervorwahl entfällt die erste Null Ihrer Mobilfunknummer. Tippen Sie abschließen auf „Fertig".
- Sie können Ihre Mobilfunknummer nun noch einmal kontrollieren. Hat sich bei der Eingabe ein Fehler eingeschlichen, ist das gar kein Problem. Tippen Sie auf „Bearbeiten", dann können Sie die Nummer korrigieren. Ist alles okay, bestätigen Sie mit „Ja".
- Nun erhalten Sie eine SMS, mit der WhatsApp die Telefonnummer bestätigt. Damit wird sichergestellt, dass die angegebene Nummer zu Ihrem Smartphone gehört und zu keinem anderen. Tippen Sie oberhalb des Ziffernfeldes auf den mit der SMS versandten Code, dann wird er automatisch eingetragen.
- Geschafft! Sie haben nun ganz offiziell ein mit Ihrer Mobilfunknummer verknüpftes WhatsApp-Konto (neudeutsch „Account") und sind auf Ihrem Smartphone bei WhatsApp angemeldet.

Was darf WhatsApp? App-Berechtigungen

Bei der Ersteinrichtung oder beim Nutzen bestimmter Funktionen erteilt man schnell einmal eine Berechtigung, die man sich nicht genau überlegt hat. Schlimmer noch: Oft vergisst man schlicht und ergreifend, was man WhatsApp erlaubt hat. Um zu überprüfen, auf welche Funktionen und Informationen WhatsApp auf Ihrem Smartphone Zugriff hat, gehen Sie in die Einstellungen – nicht die von WhatsApp, sondern die Ihres Android-Handys (in aller Regel symbolisiert durch ein Zahnrad-Icon) auf dem Homescreen. Tippen Sie dort auf „Apps" und wählen Sie in der Liste WhatsApp aus.Tippen Sie auf „Berechtigungen". Unter „Zugelassen" finden Sie alle Funktionen und Gerätekomponenten, auf die WhatsApp Zugriff hat. Tippen Sie auf die einzelnen Einträge, um die aktuelle Einstellung zu ändern.

Es gibt Berechtigungen, die aus naheliegenden Gründen sinnvoll sind, etwa der Zugriff auf Ihre Kontakte, wenn Sie Ihr Adressbuch für WhatsApp verwenden wollen. Andere brauchen Sie nur zu bestimmten Anlässen, wie das Mikrofon (für Sprachnachrichten, ► Seite 83ff) oder die Kamera (um Bilder direkt zu versenden, ► Seite 70ff). Allerdings sollten Sie, wenn Sie diese Funktionen nur selten oder gar nicht nutzen, die Einstellung auf „Jedes Mal fragen" setzen. Damit verhindern Sie, dass Sie beispielsweise versehentlich das Mikrofon einschalten oder es von Dritten missbraucht wird – zum Beispiel durch einen Schädling auf dem Handy.

GUT ZU WISSEN. Wenn Sie WhatsApp nur selten nutzen, sollten Sie die Option „App-Aktivität bei Nichtnutzung stoppen" aktivieren. Die Berechtigungen werden dann automatisch entzogen, wenn Sie WhatsApp längere Zeit nicht benutzt haben, Sie erhalten dann aber auch keine WhatsApp-Benachrichtigungen mehr.

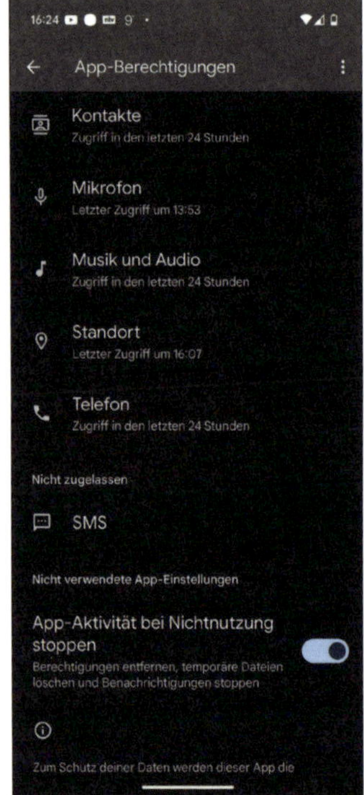

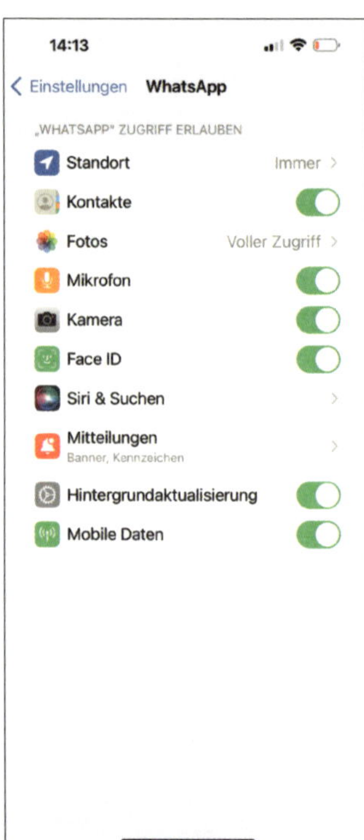

Die Berechtigungen stellen Sie in den Einstellungen Ihres Smartphones ein. Das Menü kann je nach Modell und Hersteller abweichen. Auf dem iPhone gehen Sie in die Einstellungen und blättern Sie nach unten zu WhatsApp. Hier legen Sie die Zugriffberechtigungen auf den Standort, die Kontakte, das Mikrofon und vieles andere fest. Unter „Fotos" können Sie auch bestimmen, ob WhatsApp vollen Zugriff auf Ihre Fotos und Videos haben soll oder ob diese Berechtigung auf bestimmte Medien oder Ordner beschränkt bleiben soll. Tipp: Stellen Sie hier „Beschränkten Zugriff" ein, um zu vermeiden, dass Sie versehentlich private Bilder mit Personen oder Gruppen teilen, für die diese Aufnahmen nicht bestimmt sind!

WhatsApp auf ein neues Handy übertragen

Wenn Sie bereits ein WhatsApp-Konto haben und es auf ein neues Gerät übertragen möchten, dann haben Sie dazu mehrere Optionen.

- Machen Sie ein Back-up Ihres WhatsApp-Kontos (► Seite 122ff), das Sie anschließend auf dem neuen Gerät wiederherstellen. Die dabei zu sichernden Daten können Sie sowohl auf Google Drive als auch auf iCloud speichern. Ein Systemwechsel von Android auf iOS oder umgekehrt ist also problemlos möglich.
- Übertragen Sie ein lokal auf dem Handy gespeichertes Back-up manuell mithilfe des PC.
- Nutzen Sie die Funktion „Nummer ändern". Auf diese Weise bleibt die Telefonnummer die gleiche, die Chatverläufe bleiben erhalten.

WhatsApp aus einem Back-up wiederherstellen

Installieren Sie WhatsApp auf Ihrem neuen Handy oder haben Sie Ihr altes Handy zurückgesetzt? Durch das Wiederherstellen eines Back-ups können Sie Ihre alten Nachrichten zurückholen. WhatsApp bietet verschiedene Back-up-Optionen.

Um ein Back-up wiederherzustellen, müssen Sie sich zunächst vergewissern, dass Sie ein aktuelles Back-up haben. Sobald Sie sich sicher sind, installieren Sie WhatsApp auf Ihrem neuen Handy. Bei der Einrichtung wird WhatsApp Sie auffordern, ein Back-up wiederherzustellen. Wählen Sie diese Option aus, wird WhatsApp Ihre alten Chats und Medien aus dem Back-up wiederherstellen.

Anmelden mit und ohne Back-up

Wenn Sie bereits ein WhatsApp-Konto besitzen und von einem Gerät auf ein anderes wechseln möchten, dann haben Sie zwei Möglichkeiten.

- Wenn Sie die bisherigen Chatverläufe nicht mehr brauchen, melden Sie sich einfach auf dem neuen Gerät mit Ihrem Nutzernamen und

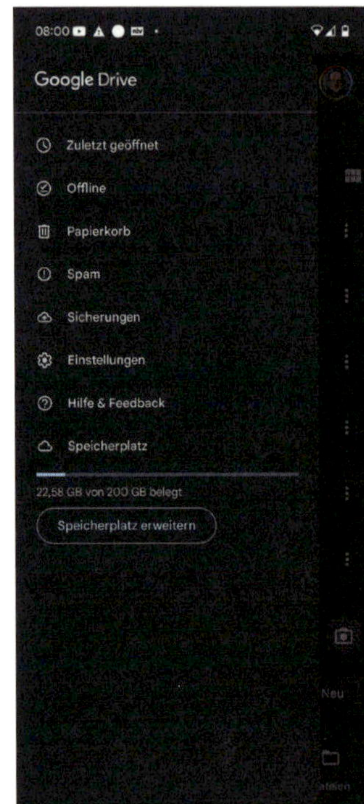

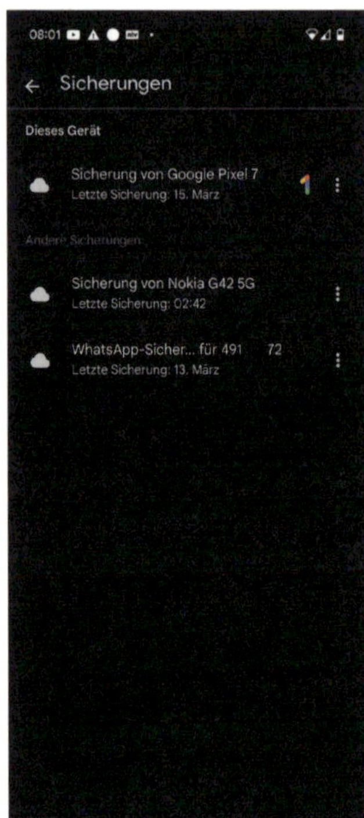

Ihrer Mobilfunknummer an. Es wird eine Bestätigungsanfrage an das alte Gerät geschickt, die Sie dort bestätigen müssen. Ihre Kontakte werden automatisch übernommen, Ihre Chatverläufe nicht.

- Möchten Sie alle Daten inklusive Chatverläufe auf das neue Gerät mitnehmen, machen Sie auf dem alten Gerät vor dem Wechsel ein Back-up (► Seite 122ff).

GUT ZU WISSEN. Chatverläufe werden aus Datenschutzgründen nicht von WhatsApp gespeichert. Deshalb müssen Sie selbst dafür sorgen, dass Back-ups irgendwo gespeichert werden. Auf Android-Smartphones ist das typischerweise Google Drive, denn ein Google-Konto haben Sie ja bereits.

Wenn Sie Ihren Chatverlauf wiederherstellen möchten, vergewissern Sie sich zuerst, ob Sie ein Back-up haben. Öffnen Sie dazu die Google-Drive-App und melden Sie sich mit Ihren Google-Zugangsdaten an. Tippen Sie auf die „Menü"-Taste (die drei waagrechten Balken oben links) und dann auf „Sicherungen". Hier sollte „WhatsApp-Sicherung für …" aufgelistet sein.

Bei einer Neuinstallation fragt WhatsApp Sie, ob Sie Ihre Chatverläufe aus der Sicherung wiederherstellen wollen. Tippen Sie auf „Wiederherstellen", wenn die Aufforderung dazu erscheint. Tippen Sie nicht auf „Überspringen", da es sonst unter Umständen nachträglich nicht mehr möglich ist, das Back-up einzuspielen.

GUT ZU WISSEN. Der freie Speicherplatz auf Ihrem Android-Gerät muss größer sein als das Back-up, das Sie wiederherstellen möchten. Die zum Wiederherstellen verwendete Telefonnummer muss die gleiche sein, die auch beim Erstellen des Back-ups verwendet wurde.

Schnell zwischen Geräten wechseln

Sobald Sie sich mit WhatsApp auf einem neuen Telefon angemeldet haben, erscheint auf dem vorigen Gerät der Hinweis „Du wurdest abgemeldet". Über „Anmelden" können Sie sich bei Bedarf direkt wieder anmelden. Wollen Sie das für WhatsApp verwendete Telefon aber tatsächlich wechseln, folgen Sie einfach den Anweisungen auf dem neuen Gerät.

Dort müssen Sie einen sechsstelligen

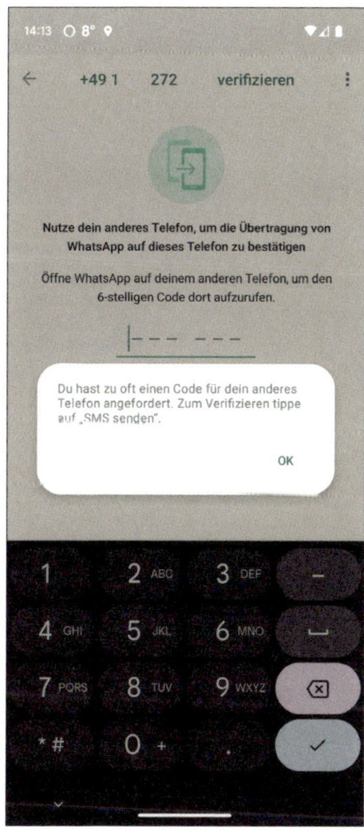

Code eingeben, der an Ihr altes Gerät geschickt wird. Unter Umständen müssen Sie auch noch einmal Ihren Namen eingeben. Haben Sie ansonst alle Daten wie oben beschrieben übertragen, können Sie WhatsApp nun einfach wie gewohnt auf dem neuen Telefon weiternutzen.

Das Prozedere beim Wechseln mag lästig sein, Sie können aber jederzeit und unbegrenzt hin- und herwechseln. Es gibt tatsächlich bislang keinen Weg, WhatsApp auf zwei Geräten gleichzeitig zu nutzen.

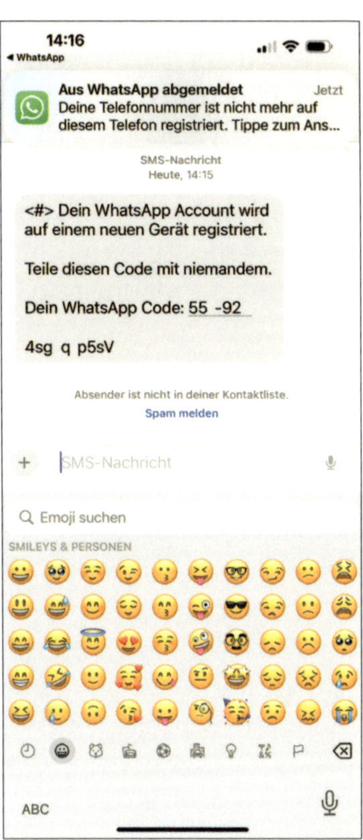

Schneller Wechsel von iOS auf Android

Wechsel zwischen Systemen, also von Android auf iOS oder umgekehrt, sind jederzeit problemlos möglich. Auch hier können Sie wie oben beschrieben hin- und herwechseln, solange Sie dafür dieselbe Telefonnummer benutzen. Etwas schwieriger sieht es mit der Übertragung von Chats und Kontakten aus.

Um Ihre Daten von einem Android-Telefon auf ein iPhone zu migrieren, laden Sie im App Store die kostenlose Apple-App „Auf iOS übertragen" herunter und folgen Sie den Anweisungen auf dem Bildschirm. Allerdings müssen für eine problemlose Migration einige Voraussetzungen erfüllt sein. So muss es sich bei dem iPhone um ein fabrikneues oder auf die Werkseinstellungen zurückgesetztes Modell handeln. Daher ist es in der Praxis meist der einfachere und bessere Weg, die Chats auf dem alten Gerät mit einem Back-up zu sichern und die Kontakte auf anderem Wege (► Seite 122ff) zu importieren.

Schneller Wechsel von Android auf iOS

Prinzipiell gilt auch hier, was wir oben für den Wechsel von iOS auf Android gesagt haben: Der direkte Wechsel hat hohe Hürden und ist vergleichsweise umständlich. So muss es sich bei dem neuen Modell um ein Android-Gerät von Samsung, ein Google Pixel oder ein Gerät mit Android 12 oder höher handeln. Auf dem neuen Gerät muss die Smart-Switch-App von Samsung oder das Data Restore Tool (Datenwiederherstellungstool) von Google installiert sein, das auf vielen neueren Geräten immerhin vorinstalliert ist. Zusätzlich müssen Sie beide Geräte mit einem USB-C-auf-Lightning-Kabel oder einem entsprechenden Adapter verbinden. Über die Option „Apps und Daten kopieren" können Sie dann die Migration starten.

WhatsApp wasserdicht: Der Datenschutz

Wie oben beschrieben, ist zum Erstellen eines WhatsApp-Kontos eine Telefonnummer notwendig. Ohne die Weitergabe der eigenen Telefonnummer ist also keine Kommunikation möglich. Für Kritik von Datenschützern sorgt die Tatsache, dass bei der Nutzung der App das vollständige Adressbuch hochgeladen wird. Es handelt sich dabei zwar nicht um die Namen der Kontakte, wohl aber um die gespeicherten Telefonnummern, die allerdings verschlüsselt gespeichert werden. Dadurch soll Missbrauch verhindert werden.

Das Problem dabei: Es können sich darunter auch die Daten von Personen befinden, die den WhatsApp-Messenger gar nicht installiert und damit keinerlei Zustimmung zur Verarbeitung ihrer persönlichen Daten durch den Konzern gegeben haben. Wenn Kontakte zu Gruppen hinzugefügt werden, ist die Telefonnummer

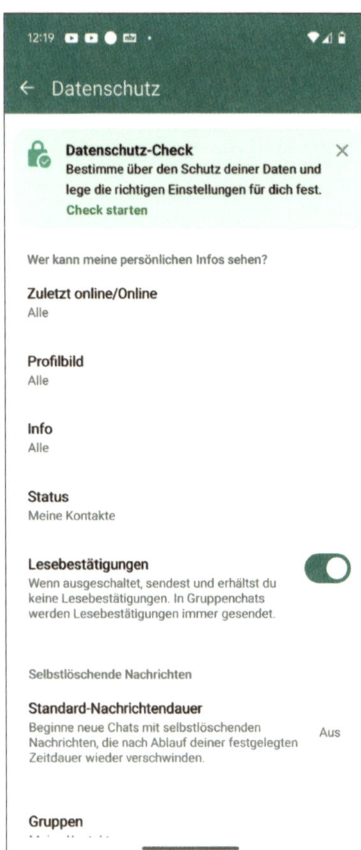

auch für Personen sichtbar, die nicht aus der eigenen Kontaktliste stammen. Auch das Profilbild und der selbst gewählte Name können zu sehen sein, wenn nicht eingestellt ist, dass nur eigene Kontakte darauf zugreifen können.

GUT ZU WISSEN. Wenn Sie möchten, dass nur Ihre Kontakte Sie auf WhatsApp sehen können, lässt sich das mit den richtigen Einstellungen einrichten. Wie man das macht, erfahren Sie auf ► Seite 118f.

Nicht verschlüsselt sind die Telefonnummer, das Profilbild, die „Info" sowie Namen und Beschreibungen von Gruppen. Erhoben werden außerdem Nutzungsdaten wie Zeitpunkt, Dauer und Häufigkeit der Aktivitäten, das Gerätemodell und die Datenverbindung über Mobilfunk oder WLAN. Sorge bereitet Datenschützern, dass WhatsApp zum Konzern Meta gehört, der unter anderem auch Facebook betreibt. Meta versichert jedoch, dass Daten zwischen diesen beiden Plattformen nicht ausgetauscht werden.

Weitere Hinweise zum Datenschutz und Tipps, welche Einstellungen Sie vornehmen sollten, finden Sie auf ► Seite 23ff.

Sicherheitstest

Für die Nachrichten ist eine Ende-zu-Ende-Verschlüsselung Standard bei Whats App. Dabei werden die zu übertragenden Daten auf Senderseite verschlüsselt und erst beim Empfänger wieder lesbar gemacht. Das bedeutet, dass auch WhatsApp selbst die Daten nicht einsehen kann. Nach der Übermittlung werden die Nachrichten auf den Servern von WhatsApp sofort wieder gelöscht. Die Verschlüsselung kann verifiziert werden, indem die Chats-Teilnehmer einen QR- oder Zahlencode vergleichen. Das funktioniert folgendermaßen:

- Öffnen Sie den betreffenden Chat.
- Tippen Sie auf den Namen des Kontakts, um die Kontaktinfo aufzurufen.
- Tippen Sie auf „Verschlüsselung“, um den QR-Code und die 60-stellige Nummer abzurufen.
- Bei einem persönlichen Treffen können Sie den QR-Code auf dem Telefon des Kontakts scannen oder umgekehrt. Wenn die Sicherheitsnummern übereinstimmen, erscheinen ein grünes Häkchen und ein grünes Schloss.
- Ist kein direktes Treffen möglich, tippen Sie auf „Sicherheitsnummer verifizieren“ und teilen die Nummer per SMS oder E-Mail, um sie zu vergleichen.

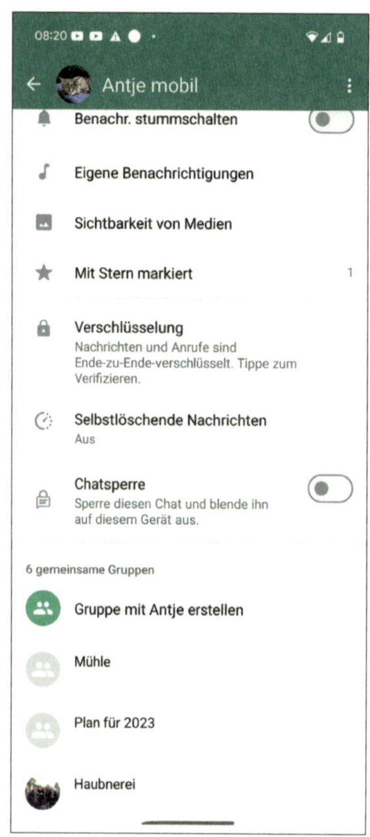

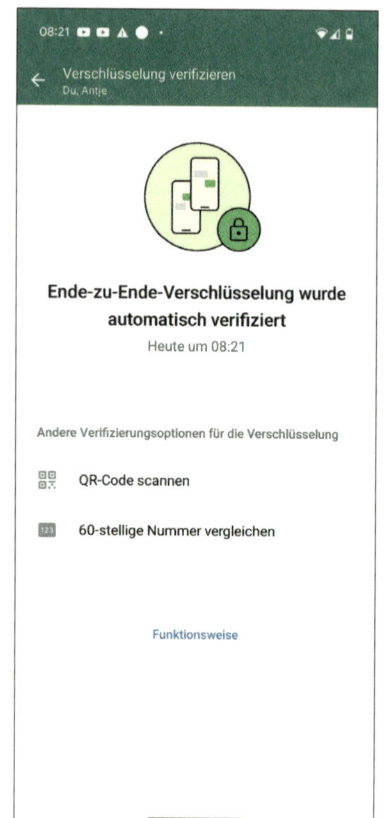

iPhone. Diese Funktion ist auf dem iPhone identisch und wird ebenfalls über die Kontaktinfo aufgerufen.

Datensicherheit und Verschlüsselung

Grundsätzlich sind bei WhatsApp alle Nachrichten, die zwischen den Nutzern und Gruppen verschickt werden, von Ende zu Ende verschlüsselt. Konkret heißt das: Sie verlassen Ihr Smartphone bereits in verschlüsselter Form und werden erst auf dem Gerät des Empfängers oder der Empfänger wieder lesbar gemacht. Würden Botschaften unterwegs abgefangen, könnten Unbefugte daher nichts damit anfangen. Auf mehrere Punkte sollten Sie dennoch unbedingt achten:

- Wenn Ihr Handy in die falschen Hände gelangt, können sich Unbefugte prinzipiell auch Zugang zu Ihren WhatsApp-Chats und -Daten verschaffen. Da WhatsApp auf dem Smartphone nicht noch einmal eigens verschlüsselt ist, ist es wichtig, dass Sie Ihr Handy mit sicheren Passwörtern, Passkeys, 2-Faktor-Authentifizierungen und regelmäßigen Updates von Android beziehungsweise iOS gut schützen.
- Vertrauliche Chats und Nachrichten sollten Sie daher regelmäßig löschen ► Seite 62ff. Ist Ihnen daran gelegen, bestimmte Unterhaltungen zu behalten, dann sichern Sie sie über Google Drive oder iCloud ► Seite 122ff. Das ist auf jeden Fall besser, als sensible Informationen dauerhaft auf dem Handy zu behalten.
- Vergessen Sie nicht, dass Chats in Gruppen von mehreren Personen gelesen werden können. Man kann nie genau wissen, wie vertraulich andere Gruppenmitglieder geteilte Nachrichten behandeln.
- Wenn Sie WhatsApp in der Öffentlichkeit nutzen, sollten Sie immer daran denken, dass Ihnen jemand über die Schulter schauen und Einblick in Ihre Unterhaltungen erlangen könnte.

GUT ZU WISSEN. Eine schnelle Speichermethode ist ein Screenshot. Werden Sie beispielsweise von einer oder mehreren Personen belästigt oder erhalten Sie unangemessene Nachrichten, dann fertigen Sie schnell einen Screenshot an, um den Vorgang gegebenenfalls später beweisen zu können. Der oder die Täter können sich dann nicht einfach aus der Affäre ziehen, indem sie die betreffenden Nachrichten löschen. Auf dem iPhone drücken Sie dazu gleichzeitig die Ein/Aus-Taste und die Lautstärke-Plus-Taste. Auf Android-Geräten drücken Sie gleichzeitig die Ein/Aus-Taste und die Lautstärke-Minus-Taste.

Erste Schritte mit Android

Die Benutzeroberfläche von WhatsApp ist recht einfach gehalten, die einzelnen Bereiche sind allerdings recht unterschiedlich aufgebaut. Die Bereiche sind auf vier „Registerkarten" oder „Reiter" aufgeteilt. Sie gelangen in diese Bereiche, indem Sie auf den jeweiligen Reiter tippen, können aber auch durch horizontale

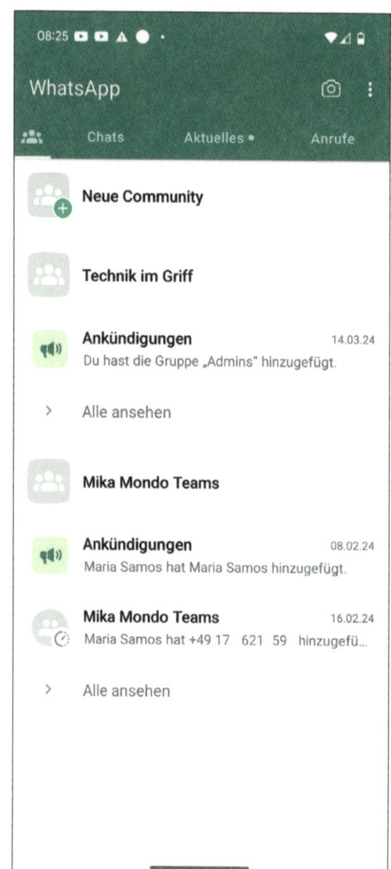

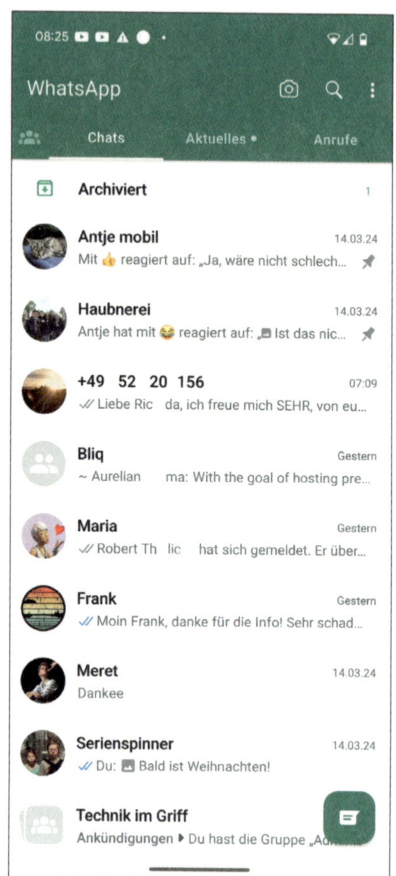

Wischgesten zwischen den Reitern wechseln. Von links nach rechts gibt es die folgenden Bereiche (bzw. Reiter).

Communitys. Diesen Bereich können Sie anfangs vernachlässigen, eventuell werden Sie ihn gar nicht brauchen. Communitys sind im Unterschied zu Gruppen besonders geschützte Benutzergruppen. Sie können nicht von anderen WhatsApp-Nutzern über Suchanfragen gefunden werden und haben spezielle Zugangsbeschränkungen. Communitys bieten sich daher besonders für den professionellen Bereich oder für Vereine an. In diesem Reiter finden Sie ein Verzeichnis aller Communitys, in denen Sie Mitglied sind. Alles, was Sie über den Umgang mit Communitys wissen müssen, finden Sie ab ► Seite 129ff.

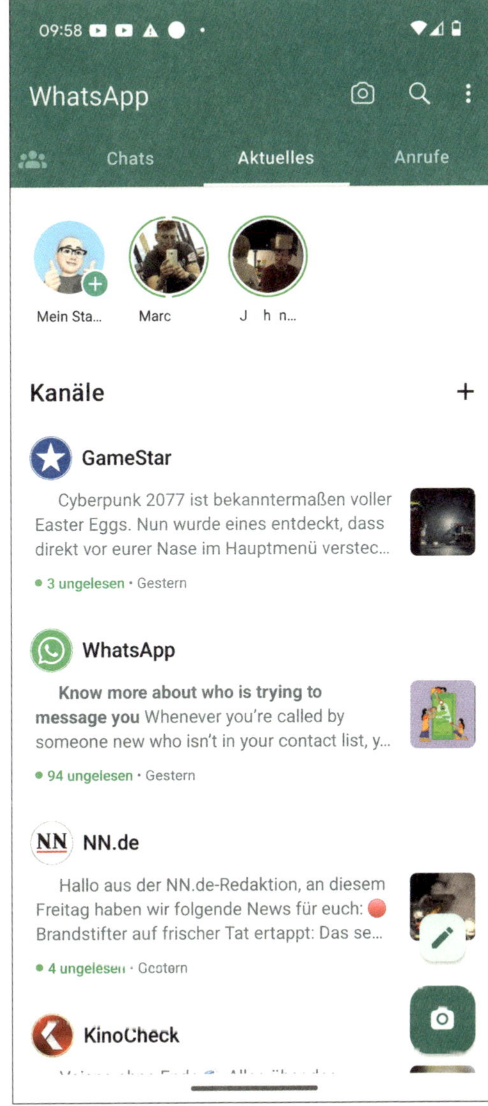

Chats. Der bei Weitem wichtigste Bereich, in dem sich alle Unterhaltungen zwischen einzelnen Nutzern oder innerhalb von Gruppen (► Seite 89ff) abspielen. Alles, was Sie über die Kommunikation über Chats in WhatsApp wissen müssen, finden Sie ab ► Seite 48ff.

Aktuelles. Dieser Reiter fasst zwei Bereiche zusammen:

- Unter **„Status"** können Sie eine kurze Statusmeldung in Bild-, Schrift- und Video-Form hinterlassen. Sie gibt Ihren Kontakten darüber Auskunft, was Sie gerade machen. Sie müssen das aber nicht tun. Tatsächlich ist das eine Funktion, die von den wenigsten Nutzern regelmäßig in Anspruch genommen wird. Alles, was Sie darüber wissen müssen, finden Sie ab ► Seite 34ff. Unter „Neue Meldungen" finden Sie zuletzt veröffentlichte Statusmeldungen Ihrer Kontakte.
- Über **„Kanäle"** verbreiten Gruppen und Institutionen kostenlos Informationen an Abonnenten. In vielen Fällen handelt es sich schlicht um Werbung von Supermarktketten, aber auch um Nachrichtenkanäle von Medien oder Sportvereinen. Sie können auch selbst einen Kanal erstellen. Alles, was Sie darüber wissen müssen, finden Sie ab ► Seite 131.

TIPP. Denken Sie daran, dass der Status unter Umständen mehr über Sie verrät, als bei näherer Betrachtung gut ist. Attraktive oder gar aufreizende Porträts ziehen unter Umständen die falschen Menschen an, Hinweise auf Abwesenheit („Endlich wieder Mallorca!") könnten von Kriminellen ausgenutzt werden.

Anrufe. Hier finden Sie eine chronologische Liste aller getätigten, eingegangenen und verpassten Anrufe. Alles Weitere zum Thema Anrufe finden Sie auf ► Seite 104ff.

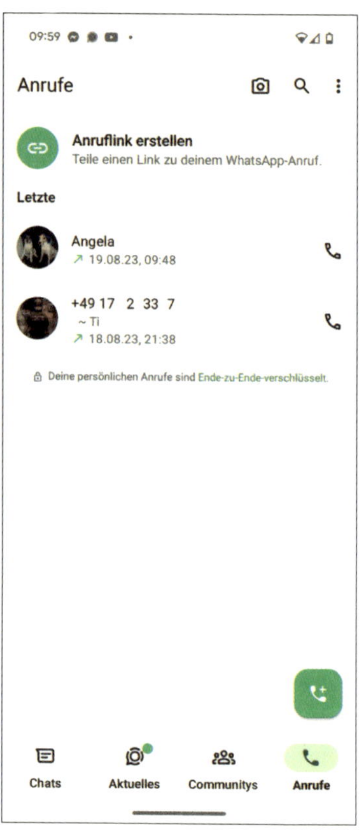

Menüzeile oben. Oberhalb der Reiterleiste in der Hauptansicht, rechts neben dem WhatsApp-Schriftzug, befinden sich drei wichtige Bedienelemente.

- Tippen Sie auf das **Kamera-Symbol**, um ein Foto aufzunehmen. Wechseln Sie bei Bedarf von der Rücken- zur Frontkamera, indem Sie auf das Pfeilsymbol ganz rechts tippen. Sie können auch in den Videomodus schalten, um ein Video aufnehmen, indem Sie unterhalb des Auslösers von links nach rechts wischen. Um eine bestehende Aufnahme auszuwählen, ziehen Sie den Pfeil oberhalb des Auslösers nach oben und wählen durch horizontale Wischbewegung eine Aufnahme. Oder tippen Sie alternativ auf das Fotosymbol ganz links, um auf die auf Ihrem Smartphone gespeicherten Alben zuzugreifen und eine Aufnahme auszuwählen. Über das Blitz-Symbol oben rechts können Sie den Blitz ein- oder ausschalten, über das X auf der linken Seite verlassen Sie den Aufnahmemodus. Alles Weitere zum Thema Fotos finden Sie auf ► Seite 70ff.
- Über das **Lupen-Symbol** können Sie nach Kontakten und vergangenen Anrufen suchen sowie einen Anruflink erstellen. Alles Weitere zum Thema Anrufe und Anruflinks finden Sie auf ► Seite 104ff.

- Hinter der **Drei-Punkte-Taste** ganz oben rechts verbirgt sich der wichtige Bereich der Einstellungen. Auf die hier vorzunehmenden Einstellungen werden wir im Folgenden immer wieder an den passenden Stellen zu sprechen kommen. Fürs Erste genügt es zu wissen, dass die „Einstellungen" andere Optionen beinhalten, wenn Sie sie aus der Hauptansicht (also dem Bereich mit den Reitern) heraus aufrufen oder wenn Sie sich beispielsweise gerade in einem bestimmten Chat befinden.

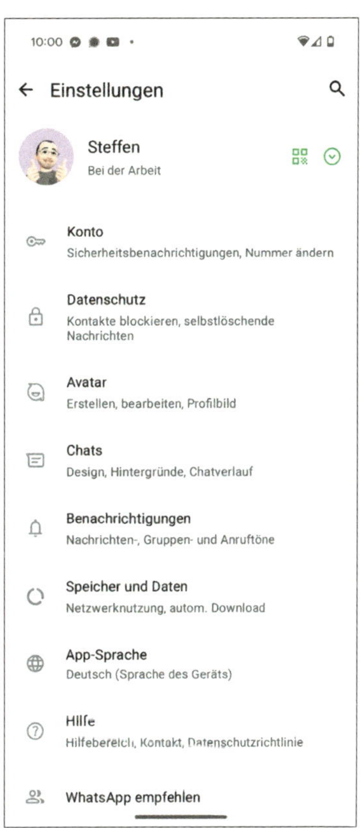

Das Menü **„Einstellungen"**, das alle grundlegenden Einstellungen, die für WhatsApp insgesamt gelten, enthält, lässt sich über die Drei-Punkte-Taste aus den Reitern „Communitys", „Chats", „Aktuelles" und „Anrufe" heraus aufrufen.

Tippen Sie im Bereich „Chats" auf die Drei-Punkte-Taste, haben Sie neben den „Einstellungen" noch eine Reihe von weiteren Optionen, nämlich „Neue Gruppe" (▶ Seite 90f), „Neuer Broadcast" (▶ Seite 99), „Verknüpfte Geräte" (▶ Seite 135ff) und „Mit Stern markiert" (▶ Seite 62).

Im Bereich „Anrufe" gibt es neben „Einstellungen" auch noch die Option „Anrufliste leeren", die Sie regelmäßig nutzen sollten.

Suchen. Die Suchfunktion, die sich hinter der Lupe in der Menüzeile verbirgt, findet sich in den Bereichen (bzw. Reitern) „Chats", „Aktuelles",

Einstellungen

Alle grundlegenden Einstellungen von WhatsApp finden Sie in diesem Bereich. Besonders wichtig ist der mittlere Block, also „Konto", „Datenschutz", „Chats", „Mitteilungen" sowie „Speicher und Daten". Im Folgenden werden wir immer wieder dort, wo es thematisch geboten erscheint, auf die Optionen in den Einstellungen zurückkommen.

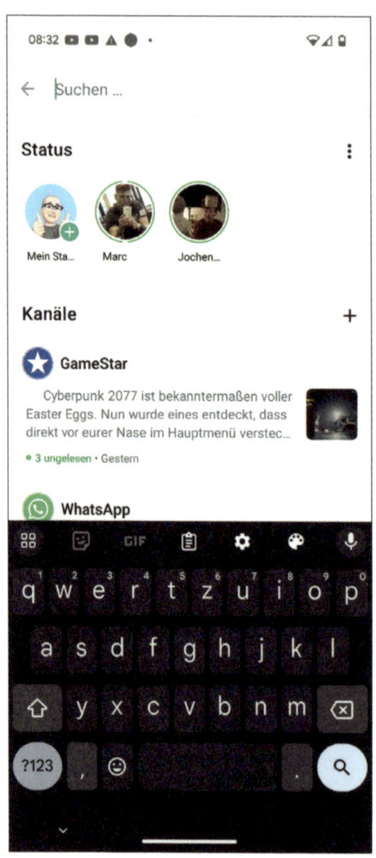

„Anrufe". Das heißt, dass immer der gerade geöffnete Bereich durchsucht wird, nicht die anderen. Tippen Sie auf das Lupen-Symbol, öffnet sich automatisch die virtuelle Tastatur, mit der Sie einen Namen oder einen Suchbegriff eingeben können. Tippen Sie dann auf die Lupe unten rechts in der Tastatur (in manchen Tastatur-Layouts kann es auch ein „Return"- oder Eingabe-Symbol sein), um danach zu suchen.

GUT ZU WISSEN. Communitys können aus Sicherheitsgründen nicht durchsucht werden, daher fehlt die Lupe hier. Alles Wichtige zu Communitys finden Sie ab ► Seite 129ff.

Erste Schritte mit dem iPhone

Es ist ein bisschen wie beim britischen Linksverkehr: Bei Apple und seinen iPhones läuft alles etwas anders. Das gilt auch für WhatsApp. Die App ist grundlegend anders aufgebaut, die Funktionen sind aber weitestgehend dieselben. Im Folgenden soll der Aufbau der Benutzeroberfläche beleuchtet werden. Wo sich daraus nicht ohne Weiteres nachvollziehbare Unterschiede in der Bedienung ergeben, wird das in den nachfolgenden Kapiteln erwähnt.

Die Menüleiste findet sich in der iPhone-Version unten. Statt der „Reiter" bei Android gibt es Schaltflächen am unteren Bildschirmrand. Die Kategorien

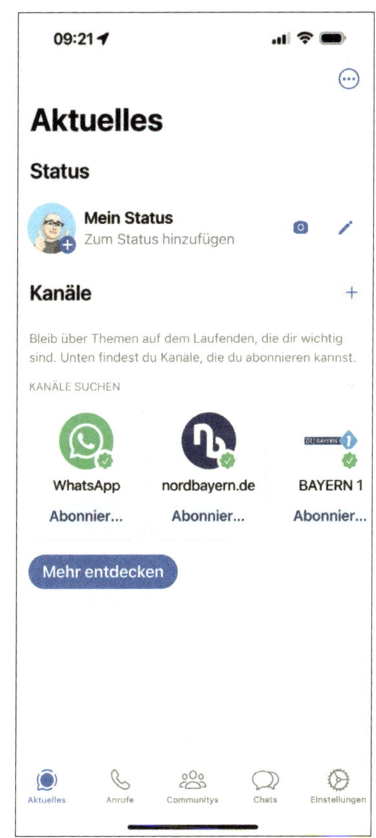

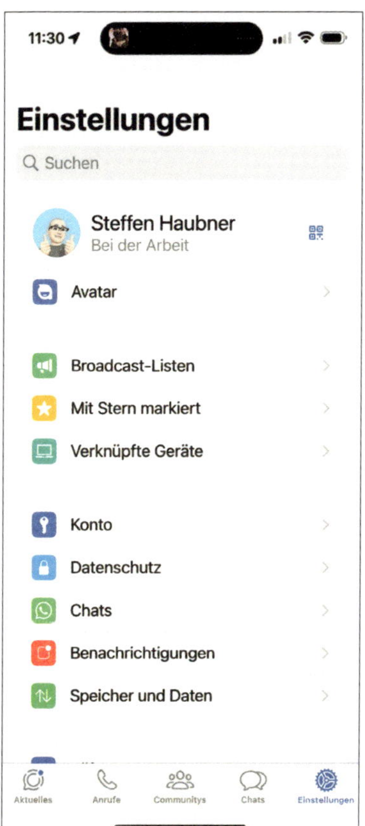

sind in einer anderen Reihenfolge angeordnet, ansonst aber die gleichen und mit den gleichen Symbolen gekennzeichnet. Je nach Kategorie wird am oberen Bildschirmrand eine andere Menüleiste eingeblendet. Die dort angebotenen Bedienelemente werden in diesem Buch in den Kapiteln beschrieben, die den jeweiligen Funktionen gewidmet sind.

Auf einen grundlegenden Unterschied sei aber bereits hier hingewiesen: Die Einstellungen – erreichbar über das Zahnrad-Symbol unten rechts – sind im Gegensatz zu Android immer die gleichen, also nicht für jede Kategorie anders. Wichtig ist hier zunächst die Suchfunktion, die sich auf sämtliche WhatsApp-Inhalte und Funktionen bezieht. Direkt darunter ist das Profil mit einem QR-Code. Dieser kann von anderen WhatsApp-Nutzern eingescannt werden, um Sie so schnell und unkompliziert als Kontakt hinzuzufügen.

Profilbild

Das Profilbild ist Ihr persönliches Aushängeschild auf WhatsApp. Tippen Sie in der Hauptansicht auf die Drei-Punkte-Taste, „Einstellungen" und dann oben auf das Feld mit dem eigenen Namen. Auf diese Weise gelangen Sie zur Profilübersicht.

Ändern Sie Ihr **Profilbild**, indem Sie auf das Kamera-Symbol tippen. Mit „Kamera" nehmen Sie direkt ein neues Foto auf, mit „Galerie" wählen Sie eines aus, das Sie bereits aufgenommen haben, und mit „Avatar" wählen Sie einen grafischen Stellvertreter. Fotos, die Sie aus der Galerie auswählen, können Sie direkt in WhatsApp zuschneiden, bevor Sie sie als Profilbild festlegen. Für spätere Änderungen tippen Sie auf Ihr Profilbild (nicht auf das Kamera-Symbol!) in der Profilübersicht und dann auf das Stift-Symbol oben rechts.

iPhone. Das Profil steht ganz oben in den Einstellungen, tippen Sie darauf und dann auf „Bearbeiten", um es zu ändern. Statt eines quadratischen Profilbildes wird unter iOS ein rundes verwendet.

GUT ZU WISSEN. Wenn Sie Ihr Profilbild ändern, geht das alte automatisch verloren! Sie sollten es daher vorher speichern. Tippen Sie dazu auf Ihr Profilbild in der Profilübersicht und dann auf das „Teilen"-Symbol. Es erscheint eine Liste von auf Ihrem Smartphone installierten Apps, mit denen Sie Ihr Profilbild weitergeben oder speichern können. Scrollen Sie bei Bedarf weiter nach unten, um weitere Apps anzuzeigen.

Sie können außerdem den **Namen**, der für andere Nutzer angezeigt wird, ändern, indem Sie rechts daneben auf das Stift-Symbol tippen. Auch ein Emoji lässt sich dem Namen hinzufügen. Tippen Sie nach der Eingabe auf „Speichern“, um die Änderungen zu bestätigen.

Unter **Info** geben Sie statt des standardmäßigen „Ich bin bei WhatsApp“ eine eigene Phrase oder eine aktuelle Statusmeldung ein, indem Sie auf das Stift-Symbol tippen. Sie können zwischen vorgefertigten Phrasen wählen, indem Sie darauf tippen, oder eine eigene Zeile eingeben, indem Sie unter „Aktuelle Info“ auf das Stift-Symbol tippen. Denken Sie auch hier daran, zur Bestätigung zu speichern.

Die Telefonnummer können Sie nicht verändern, da sie fest mit Ihrem WhatsApp-Account verknüpft ist.

Einen Avatar erstellen

Tippen Sie auf „Los geht's“. Sie können nun einen Avatar auf Grundlage eines Fotos gestalten, das Sie direkt in der App aufnehmen, oder den Stellvertreter von Grund auf manuell erstellen. Ein Foto ist eine gute Ausgangsbasis, der Algorithmus erschafft tatsächlich verblüffend ähnliche Konterfeis. Diese können Sie in vielen Details anpassen, bis hin zur Form der Ohren und zu diversen

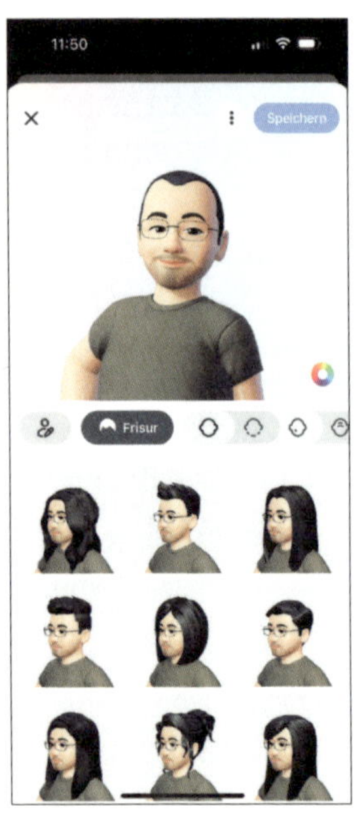

Accessoires. Tippen Sie dann oben rechts auf „Speichern". Danach legen Sie ein Avatar-Profilbild fest, für das unterschiedliche Gesichtsausdrücke und Hintergrundfarben zur Verfügung stehen. Für alle sichtbar ausgetauscht wird das Profilbild aber erst, wenn Sie zur Bestätigung auf den Haken oben rechts tippen.

iPhone. Das Erstellen eines Avatars ist beim iPhone weitgehend gleich. Sie gelangen dazu am schnellsten über die Einstellungen und den Bereich „Avatar" direkt unter dem Profil.

Vorübergehende Statusmeldung

Mit Statusmeldungen können Sie Ihre Kontakte wissen lassen, wie es Ihnen gerade geht und was Sie gerade machen – per Text, Foto oder auch Video.

- Gehen Sie dazu in den Bereich „Aktuelles" und tippen Sie auf „Mein Status".
- Nehmen Sie mit der automatisch geöffneten Kamera ein Foto oder ein Video auf oder wählen Sie über das Galerie-Symbol eine Aufnahme aus Ihrer Galerie aus.
- Über die Textzeile können Sie eine Bildunterschrift hinzufügen.
- Über die Schaltfläche „Status" ganz unten können Sie wählen, ob alle Ihre Kontakte den Status sehen oder bestimmte Kontakte ausgeschlossen werden sollen oder ob Sie den Status nur mit bestimmten Kontakten teilen wollen.
- Klicken Sie dann auf „Fertig". Das ausgewählte Bild können Sie über die obere Menüleiste noch weiter bearbeiten.
- Klicken Sie zuletzt auf das „Senden"-Symbol.

GUT ZU WISSEN. Die Statusmeldung ist 24 Stunden sichtbar und verschwindet dann von selbst.

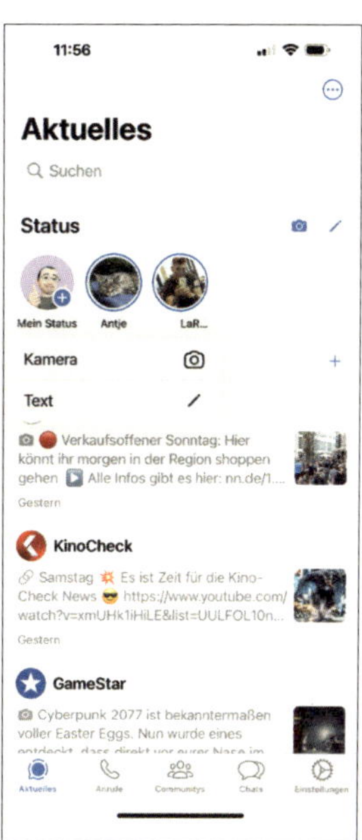

TIPP. Sie können eine oder mehrere Nachrichten, Bilder oder Videos aus Ihren Chats als Status teilen, indem Sie darauf tippen und auf den nach rechts geschwungenen Pfeil in der oberen Menüleiste tippen und „Mein Status" auswählen. Wenn Sie nachträglich ändern wollen, wer Ihren Status zu sehen bekommen soll, tippen Sie unter „Aktuelles" und „Mein Status" auf die drei Punkte oben rechts im Status-Fenster und dann auf „Status-Datenschutz".

iPhone. Gehen Sie in den Bereich „Aktuelles" und tippen Sie auf „Mein Status". Über das nun erscheinende Ausklappmenü können Sie wählen, ob Sie einen Text oder ein Foto veröffentlichen wollen.

Kontakte verwalten

Etwas, an das man sich als Neueinsteiger bei WhatsApp gewöhnen muss, ist die Tatsache, dass es keine direkt aufrufbare Kontaktliste gibt. Vielmehr sieht das WhatsApp-Prinzip vor, dass man Kontakte immer aus einer bestimmten Anwendungssituation heraus auswählt. Falls sich das zunächst merkwürdig anhört, werden Sie auf den folgenden Seiten anhand von zahlreichen konkreten Beispielen schnell verstehen, was damit gemeint ist. Zunächst geht es aber darum, überhaupt einige Kontakte zu sammeln.

Sobald Sie WhatsApp installiert und Ihre Telefonnummer verifiziert haben (► Seite 13ff), liest die App automatisch alle Kontakte aus dem Adressbuch Ihres Handys aus. Sind Sie auf einem Android-Gerät mit Ihrem Google-Konto angemeldet, werden die Kontakte aus Ihrem Google-Kontakte-Verzeichnis abgeglichen.

Die Verwaltung von Kontakten bei WhatsApp ist anfangs etwas gewöhnungsbedürftig, da sie sich von herkömmlichen Adressbüchern unterscheidet.

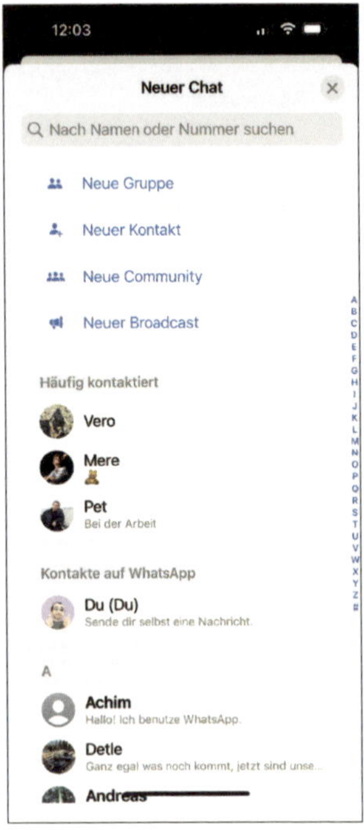

- Das Kontaktverzeichnis rufen Sie im Bereich „Chats" auf, in dem Sie unten rechts auf das Symbol für „Neue Nachricht" tippen.
- Wählen Sie einen Kontakt aus, um der betreffenden Person eine Nachricht zu schicken. Sie können dazu mittels vertikaler Wischgesten durch die gesamte Kontaktliste blättern oder oben rechts auf das Lupen-Symbol tippen und einen Namen eingeben.
- Ist diese Person nicht in Ihrem Verzeichnis, tippen Sie auf „Neuer Kontakt" und geben Sie einen Namen und eine Rufnummer ein.
- Falls die Person nicht bei WhatsApp registriert ist, können Sie sie zu WhatsApp einladen, indem Sie auf „Zu WhatsApp einladen" klicken. Die Person erhält dann eine entsprechende SMS.

iPhone. Die Kontakte werden auf dem iPhone etwas anders gehandhabt als bei Android. Das liegt nicht zuletzt daran, dass kein Abgleich mit den Google-Adressen stattfindet – das liegt ja auch auf der Hand, schließlich handelt es sich um einen konkurrierenden Konzern. Doch auch hier ist die zentrale Anlaufstelle der Bereich „Chats". Um einen neuen Kontakt hinzuzufügen, tippen Sie oben rechts auf das Plus-Symbol. Über das Suchfeld ganz oben können Sie gezielt nach bereits bestehenden Kontakten suchen. Sie können wahlweise eine neue Gruppe (► Seite 90f), einen neuen Kontakt, eine neue Community (► Seite 129ff) oder einen neuen Broadcast (► Seite 99f) hinzufügen.

Kontakte, mit denen Sie sich regelmäßig über WhatsApp austauschen, finden Sie unter „Häufig kontaktiert". Um schnell zu einem anderen Buchstaben zu wechseln, tippen Sie auf die Leiste an der rechten Bildschirmseite. Fahren Sie mit dem Finger in vertikaler Richtung über die Leiste, um schnell durch Ihr Adressbuch zu blättern.

WhatsApp-Chats über Google-Kontakte starten

Sie können direkt in Ihren Google-Kontakten nach Personen suchen, die Sie über WhatsApp kontaktieren möchten. Tippen Sie dazu oben rechts auf das Menü-Symbol (die drei vertikalen Punkte rechts neben der Lupe) und dann auf „Kontakte". Sie landen nun direkt in Ihren Google-Kontakten. Rufen Sie die Kontaktseite der betreffenden Person auf. Sie können nun einen Anruf starten, eine SMS verschicken oder einen Videochat starten. Oder Sie tippen unter „Kontaktdaten" auf einen der Einträge mit dem WhatsApp-Symbol, also „Nachricht an (Telefonnummer)", „Sprachanruf an (Telefonnummer)" oder „Videoanruf an (Telefonnummer)". Es liegt auf der Hand, dass die Person dazu auf WhatsApp registriert sein muss.

iPhone. Beim iPhone gibt es diese Direktverbindung nicht. Das liegt daran, dass Apple sein „Ökosystem" mehr gegen außen abschottet. Das hat vor allem Datenschutzgründe, was hier und da etwas weniger Komfort bedeutet.

TIPP. Aus dem Google-Kontaktverzeichnis zurück nach WhatsApp kommen Sie, indem Sie vom linken Bildschirmrand nach rechts über den Bildschirmrand streichen. Achten Sie darauf, dass Sie diese Wischgeste wirklich vom Rand her ausführen, da Sie sonst unter Umständen ungewollt andere Aktionen auslösen.

Rufnummer hinzufügen

Wenn Sie die Rufnummer eines WhatsApp-Nutzers kennen, tippen Sie in „Chats" auf das „Neue Nachricht"-Symbol unten rechts und auf „Neuer Kontakt". Geben Sie nun die Rufnummer und, falls bekannt, den Namen ein und tippen Sie auf „Speichern".

Kontaktanfragen übernehmen

Personen, die noch nicht in Ihren Kontakten sind, werden in „Chats" nur als Telefonnummer angezeigt. Unter der ersten Nachricht einer solchen Person erscheint der Hinweis „Der Absender ist nicht auf deiner Kontaktliste". Sie können den Absender nun melden (falls Sie sich belästigt fühlen), blockieren (falls es sich um Spam handelt) oder zu Ihren Kontakten hinzufügen.

Entscheiden Sie sich für die letzte Option, werden Sie gefragt, ob Sie einen neuen Kontakt anlegen möchten oder die neuen Daten einem bereits vorhandenen Kontakt zuordnen wollen. Bei einem neuen Kontakt müssen Sie nun einen Namen hinzufügen, besteht der Kontakt bereits, wird die übermittelte Mobilfunknummer eingetragen. Speichern Sie die vorgenommenen Änderungen.

Kontaktanfragen verschicken

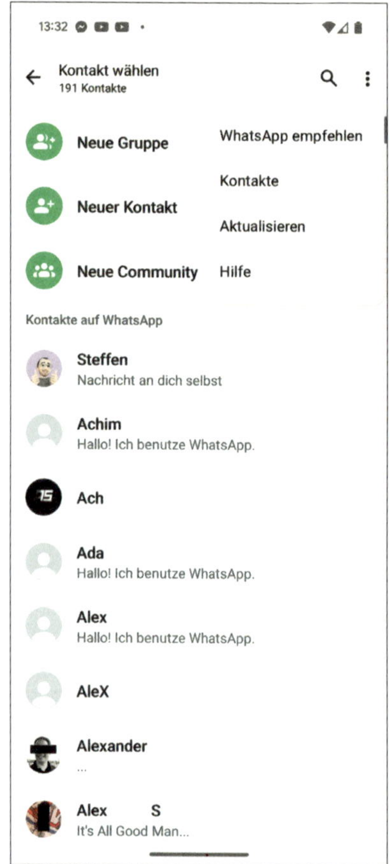

Möchten Sie umgekehrt einen Kontakt zu WhatsApp einladen, dann tippen Sie unter „Chats" auf das „Neue Nachricht"-Symbol. Tippen Sie oben rechts auf das Menü-Symbol und dann auf „WhatsApp empfehlen". Nun haben Sie unter anderem folgende Möglichkeiten:

- Tippen Sie auf „Kopieren" und dann auf das „Teilen"-Symbol. Nun erscheint eine Übersicht mit Apps, die auf Ihrem Smartphone installiert sind. Wählen Sie die App aus, über die Sie die Kontaktanfrage versenden möchten, also etwa Gmail, Ihr Mail-Programm. Wählen Sie dann einen Kontakt außerhalb von WhatsApp.
- Tippen Sie auf „Nearby" oder „Quick Share", um Geräte in der Nähe zu finden und die Einladung an diese zu übermitteln.
- Tippen Sie auf „Messages" und dann auf einen Kontakt außerhalb von WhatsApp (beispielsweise aus Ihren Google-Kontakten), um eine SMS an die Person zu verschicken, die Sie einladen möchten.
- Tippen Sie dann auf das „Senden"-Symbol.

TIPP. Der Einladungslink wird mit einem Standardtext („Chatten wir auf Whats App …") verschickt. Tippen Sie darauf, um ihn nach Belieben zu ändern. Über die untere Funktionsleiste können Sie auch ein Emoji oder ein Foto hinzufügen. Das Bild von einem Espresso und der Text „Wollen wir uns nicht mal per WhatsApp zu einem Kaffee verabreden" kommen sicher besser an als die Standardbotschaft!

iPhone.

Kontakt hinzufügen

- **Über einen neuen Chat.** Gehen Sie in den Bereich „Chats" und tippen Sie auf das + für „Neuer Chat" und auf „Neuer Kontakt". Geben Sie nun die Kontaktdaten ein und tippen Sie oben rechts auf „Speichern".

TIPP. Mit „Mit QR-Code hinzufügen" können Sie den Kontakt einer anwesenden Person direkt übernehmen. Diese muss unter Einstellungen rechts neben dem eigenen Namen und dem Profilbild auf das QR-Symbol tippen. Scannen Sie den nun eingeblendeten Code mit Ihrer Kamera ein.

- **Aus vorhandenem Chat (nicht gespeicherte Telefonnummern, mit denen Sie gechattet haben) oder einer Gruppe.** Wählen Sie einen Chat mit einem Benutzer aus, der noch nicht zu Ihren Kontakten gehört. In der Chatliste wird eine Telefonnummer anstelle eines Namens angezeigt. Tippen Sie auf die Nummer und auf „Zu Kontakten" oder auf die obere Leiste, um die Chat-Info zu öffnen. Wählen Sie den gewünschten Kontakt aus und wählen Sie „Neuen Kontakt erstellen". Sie können nun wählen zwischen „Neuen Kontakt erstellen" und „Zu Kontakt hinzufügen".

Kontakt teilen

Öffne Sie auf den Chat mit dem Kontakt, den Sie teilen möchten. Tippen Sie auf die Leiste oberhalb des Chats und wählen Sie in der Kontaktinfo die Option „Kontakt teilen". Wählen Sie den oder die Empfänger aus, mit denen Sie den Kontakt teilen möchten. Tippen Sie auf Weiter und „Senden".

Der Empfänger kann nun die Kontakte seinem eigenen Adressbuch hinzufügen oder ihnen direkt über die von Ihnen versendete Nachricht schreiben.

Kontakt bearbeiten

Die Namen Ihrer WhatsApp-Kontakte werden aus dem Adressbuch Ihres Telefons übernommen. Die Profilbilder werden von den Kontakten selbst in ihren WhatsApp-Profilen festgelegt. Kontakte müssen Sie deshalb im Kontakte-Verzeichnis Ihres iPhones bearbeiten.

- Tippe auf das Anrufe-Symbol auf Ihrem iPhone und dann auf „Kontakte".
- Wählen Sie den Kontakt aus, den Sie bearbeiten möchten.
- Tippe auf „Bearbeiten" und tippen Sie dann auf „Fertig".

Kontakt löschen

Sie können Kontakte aus dem Adressbuch Ihres Telefons, aber nicht innerhalb von WhatsApp löschen.

- Rufen Sie Chats-Reiter auf und tippen Sie auf +.
- Suchen Sie nach dem Kontakt, den Sie löschen möchten.
- Tippen oben auf den Namen und dann auf „Bearbeiten".
- Scrollen Sie nach unten und tippen Sie auf „Kontakt löschen".

GUT ZU WISSEN. Wenn Sie einen Kontakt aus dem Adressbuch Ihres Telefons entfernen, wird der Chatverlauf nicht gelöscht.

„Messages" (SMS) oder Kontakte per QR-Code austauschen

Es kommt öfter vor, dass man sich persönlich gegenübersteht und WhatsApp-Kontakte austauschen möchte. Musste man dazu bislang die Telefonnummern austauschen, geht das nun auch deutlich einfacher, nämlich per QR-Code. Dazu müssen Sie zunächst einen eigenen QR-Code erzeugen.

- Tippen Sie in „Chats" auf das Menü-Symbol ganz rechts und dann auf „Einstellungen".
- Tippen Sie oben rechts auf das „QR"-Symbol.
- Möchten Sie die Nummer Ihres Gegenübers übernehmen, tippen Sie stattdessen auf „Code scannen" und halten Sie die Kamera über den Code auf dessen Smartphone.
- Nun sollte die Meldung „WhatsApp-Konto gefunden" erscheinen. Tippen Sie auf „Zu Kontakten hinzufügen", tragen Sie bei Bedarf den Namen und weitere Daten ein und tippen Sie auf „Speichern".
- Damit wird automatisch ein Chat mit dem neuen Kontakt gestartet. Tippen Sie auf „Meine Kontaktinfo teilen". Ihr Gegenüber kann Ihren Kontakt nun direkt in sein Adressbuch übernehmen.

iPhone. Beim iPhone ist der QR-Code noch etwas einfacher zu erreichen, das Prinzip ist aber das gleiche. Gehen Sie einfach in die Einstellungen und tippen oben auf das QR-Code-Symbol auf der rechten Seite in Ihrem Profil.

Kontakte aus Gruppen übernehmen

Auch diese Situation dürfte Ihnen früher oder später begegnen: Sie werden einer Gruppe hinzugefügt, in der sich Personen befinden, die nicht in Ihrem WhatsApp-Adressverzeichnis stehen. Sie werden nicht namentlich, sondern als „nackte" Rufnummer angezeigt.

- Öffnen Sie in „Chats" die Nachrichtenübersicht der betreffenden Gruppe, indem Sie darauf tippen. Falls Sie die Gruppe nicht gleich finden, können Sie über das Lupen-Symbol oben rechts auch nach Namen suchen.
- Tippen Sie auf den Gruppennamen oberhalb des Nachrichtenüberblicks.
- Suchen Sie nach dem Gruppenmitglied bzw. der Rufnummer, die Sie Ihren Kontakten hinzufügen wollen, und tippen Sie darauf.
- Wählen Sie „Zu Kontakten hinzufügen".
- Es erscheint die Eingabemaske „Neuer Kontakt". Hier können Sie weitere Informationen hinzufügen.
- Tippen Sie auf „Speichern".

Kontakte verwalten

Auch hier starten Sie wieder in den „Chats". Tippen Sie in der Nachrichtenübersicht auf den gewünschten Kontakt oder suchen Sie ihn über das Lupen-Symbol oben rechts. Tippen Sie oberhalb der mit diesem Kontakt ausgetauschten Nachrichten auf den Namen. Sie können nun unter anderem sehen, wann diese Person zuletzt online war. Sie können einen Audio- oder Videoanruf starten oder über „Suchen" in den bereits ausgetauschten Nachrichten nach Stichwörtern suchen. Die folgenden weiteren Funktionen sollten Sie kennen.

Kontakte bearbeiten

Tippen Sie in der Kontaktübersicht oben rechts auf das Menü-Symbol und dann auf „Bearbeiten", um Informationen zu diesem Kontakt zu ändern oder hinzuzufügen. Tippen Sie danach auf „Speichern" oder auf „Verwerfen", wenn Sie doch nichts ändern wollen.

Kontakte stummschalten oder blockieren

Aktivieren Sie in der Kontaktübersicht „Benachrichtigungen stummschalten", wenn Sie den Kontakt zwar behalten, aber keine Meldungen mehr bekommen möchten, wenn die betreffende Person eine Nachricht an Sie oder eine Gruppe sendet. Danach werden Sie gefragt, wie lange diese Stummschaltung gelten soll – 8 Stunden, 1 Woche oder für immer. Um die Person ganz zu blockieren, blättern Sie etwas nach unten und tippen Sie auf „(Name) blockieren". Sie werden dann nicht mehr nur nicht benachrichtigt, sondern sehen gar keine Nachrichten der betreffenden Person mehr.

WICHTIG. Eine Person einfach nur aus den Kontakten zu löschen, nützt nichts. Denn dann kann diese Person auch weiterhin kontaktieren. Sie wird dann nur nicht unter ihrem Namen, sondern bloß noch als Telefonnummer angezeigt.

Alternative: Das Blockieren und Stummschalten funktioniert nicht nur in der Kontaktübersicht, sondern auf kürzerem Wege auch, indem Sie den Kontakt in „Chats" und dann das Menü-Symbol antippen und dann „Benachr. stummschalten" auswählen. Die Blockieren-Funktion finden Sie hier unter „Mehr".

Möchten Sie mehrere Personen gleichzeitig stummschalten oder blockieren, tippen Sie in „Chats" auf einen Eintrag und halten Sie den Finger kurz darauf. Nun erscheint ein grünes Pfeilsymbol neben dem Profilbild. Tippen Sie auf weitere Kontakte oder Gruppen, um auch sie auszuwählen. Tippen Sie in der nun am oberen Bildschirmrand angezeigten Funktionsleiste auf das durchgestrichene Lautsprecher-Symbol, um alle markieren Personen und Gruppen stummzuschalten.

TIPP. Blockierte Kontakte finden Sie in den „Einstellungen" im Bereich „Datenschutz". Tippen Sie auf einen Eintrag und dann auf „Freigeben", um die Blockierung aufzuheben.

Kontakte versenden

Möchten Sie sich als Kontaktvermittler betätigen, können Sie Einträge aus Ihre WhatsApp-Kontaktliste auch direkt an andere Kontakte oder an Gruppen weiterleiten. Tippen Sie unter „Chats" auf die Person, mit der Sie einen Kontakt teilen möchten. Tippen Sie dann auf das Büroklammer-Symbol im Textfeld. Nun tippen Sie auf „Kontakt" und suchen in der Liste einen oder mehrere Einträge aus. Sie können nun für jeden Kontakt auswählen, welche Informationen Sie mit der anderen Person teilen möchten, indem Sie das Häkchen neben dem Eintrag stehen lassen oder entfernen. Tippen Sie danach auf den „Senden"-Pfeil unten rechts.Der oder die Empfänger bekommen nun eine Nachricht mit den übertragenen Kontaktdaten. Mit „Hinzufügen" kann jeder Empfänger entscheiden, welche Kontakte und welche Kontaktdetails er übernehmen will. Ist der betreffende Kontakt bereits vorhanden, kann man entscheiden, ob man eventuell übermittelte neue Kontaktdetails (wie zum Beispiel eine Festnetznummer) übernehmen will oder nicht.

Medien von Kontakten verwalten

Tippen Sie in „Chats" auf einen Kontakt oder eine Gruppe. Tippen Sie dann oberhalb der Übersicht der ausgetauschten Nachrichten auf den Namen. Nun sind Sie wieder in den Kontaktdetails. Tippen Sie unterhalb der Statusanzeige auf „Medien, Links und Doks". Praktischerweise wird Ihnen nun eine Übersicht über alle mit Ihnen geteilten Medien angezeigt. Tippen Sie auf eines davon, beispielsweise ein Foto. Über die oben rechts eingeblendete Funktionsleiste können Sie das Foto (bzw. das Dokument oder den Link) nun unter anderem:

- als Favoriten markieren (Stern)
- an andere Kontakte weiterleiten (Pfeil)
- bearbeiten (Menü und „Bearbeiten")
- mit anderen Kontakten teilen (Menü und „Teilen")
- dauerhaft speichern (Menü und „Speichern")
- drehen (Menü und „Drehen")
- löschen (Menü und „Löschen")

TIPP. Möchten Sie mehrere Medien, die von einem Kontakt oder in einer Gruppe geteilt wurden, gleichzeitig löschen (beispielsweise um Speicherplatz auf Ihrem Handy freizugeben), tippen Sie auf ein einzelnes Foto (bzw. Dokument oder Link) und dann oben rechts auf „Alle Medien". Tippen Sie auf ein Medium und halten Sie den Finger kurz darauf, bis oben links ein Pfeil erscheint. Tippen Sie dann kurz auf alle weiteren Medien, die Sie auswählen möchten. Tippen Sie danach auf das Mülleimer-Symbol, um alle gleichzeitig zu löschen. Auf die gleiche Art können Sie mehrere Medien gleichzeitig teilen. Tippen Sie dazu stattdessen auf das „Teilen"-Symbol.

Kontakte verwalten auf dem iPhone

Wie bereits erwähnt dient auf dem iPhone die Kontakte-App als zentrales Adress- und Nummernverzeichnis. Alle Einstellungen, die einen bestimmten Kontakt betreffen, werden über die Kontaktinfoseite vorgenommen – inklusive der Verwaltung von Medien oder des Blockierens dieses Kontakts. Sie haben zwei Möglichkeiten, in die Kontakt-Info zu kommen:

- Tippen Sie unter „Chats" auf das Plus-Symbol oben rechts, als wenn Sie eine neue Nachricht schreiben wollten. Suchen Sie über das Suchfeld oben oder durch Scrollen im Kontakte-Verzeichnis nach dem gewünschten Namen. Tippen Sie auf den Kontakt und dann im sich automatisch öffnenden Chatverlauf auf den Namen.

- Tippen Sie unter „Anrufe" in der Anrufliste („Letzte") auf das eingekreiste i rechts neben dem Namen. Alternativ tippen Sie oben rechts auf das Symbol für „Neuer Anruf" und suchen Sie den Namen im Kontakte-Verzeichnis.

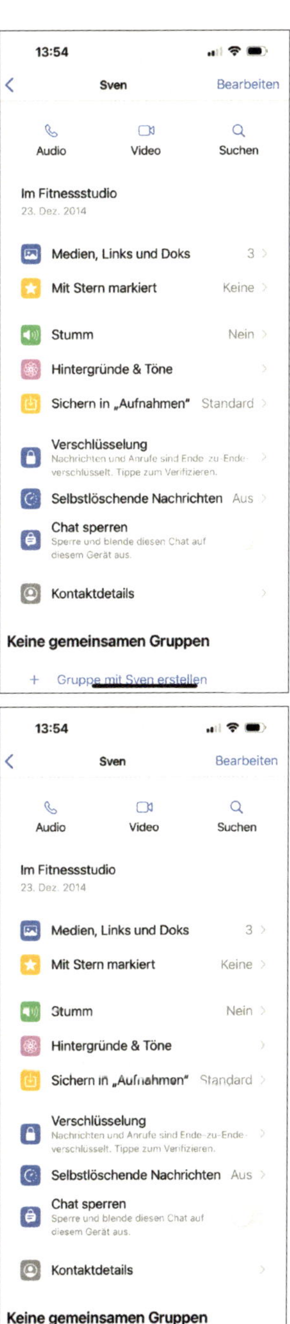

Auf der Kontaktinfo finden Sie die folgenden wie jeweils spezifische Optionen.

Medien, Links und Doks. Öffnen Sie eine Übersicht aller mit diesem Kontakt ausgetauschten Medien. Tippen Sie auf ein Medium, um es in der nun erscheinenden unteren Bearbeitungsleiste zu bearbeiten, als Favoriten zu markieren oder zu löschen. Tippen Sie ganz links auf das „Teilen"-Symbol, um das Medium zu speichern, weiterzuleiten, zu teilen, als Profilbild zu verwenden oder um den Kontakt zu melden, wenn es sich um einen unangemessenen Inhalt handelt.

Mit Stern markiert. Hier finden Sie alle Medien, die Sie wie oben beschrieben als Favoriten markiert haben.

Stumm. Hierüber können Sie den betreffenden Kontakt für einen begrenzten Zeitraum (8 Stunden oder 1 Woche) oder dauerhaft stummschalten, wenn Sie sich von der Person genervt oder belästigt fühlen.

Hintergründe & Töne. Wählen Sie einen besonderen Hintergrund oder Hinweiston für den Kontakt aus. Bei eingehenden Nachrichten wissen Sie so sofort, wer Ihnen geschrieben oder eine Sprachnachricht geschickt hat.

Sichern in „Aufnahmen". Wenn Sie diese Option aktivieren, werden alle von dem Kontakt gesendeten Medien automatisch auf Ihrem iPhone gespeichert.

Etwas weiter unten können Sie eine Gruppe (► Seite 89ff) mit der jeweiligen Person erstellen, den Kontakt teilen, exportieren oder leeren (also alle Nachrichten in diesem Chat löschen) oder den Kontakt blockieren oder melden, falls Sie beleidigt oder belästigt wurden oder die Person unangemessene oder illegale Inhalte teilt.

GUT ZU WISSEN. Die oben beschriebene Option „Sichern in ‚Aufnahmen'" wird man vor allem für nahestehende Personen verwenden. Sie sollten sie aber auch einschalten, wenn Sie von einer Person belästigt, beleidigt oder bedroht werden, um solche Vorgänger später beweisen zu können.

Das Herzstück von WhatsApp: Nachrichten und Chats

WhatsApp ist weitgehend recht einfach gehalten. Schließlich soll die App es möglichst vielen Menschen mit ganz unterschiedlichem technischem Verständnis ermöglichen, miteinander zu kommunizieren. Das gilt insbesondere für den wichtigsten Bereich, die „Chats". Der englische Begriff für „Plauderei" wird bei WhatsApp für alle Arten der Kommunikation verwendet, sei es mit Einzelpersonen; sei es in Gruppen.

So verfassen und versenden Sie eine WhatsApp-Nachricht

- **Neue Nachricht starten.** Neue Nachrichten verfassen Sie in der Regel im Bereich „Chats", den Sie über die Reiter („Tabs") am oberen Bildschirmrand auswählen. Tippen Sie dann unten rechts auf das Symbol für „Neue Nachricht" (eine Sprechblase auf grünem Grund). Wie Sie Ihre Nachricht weiter gestalten können, lesen Sie ab ► Seite 51.

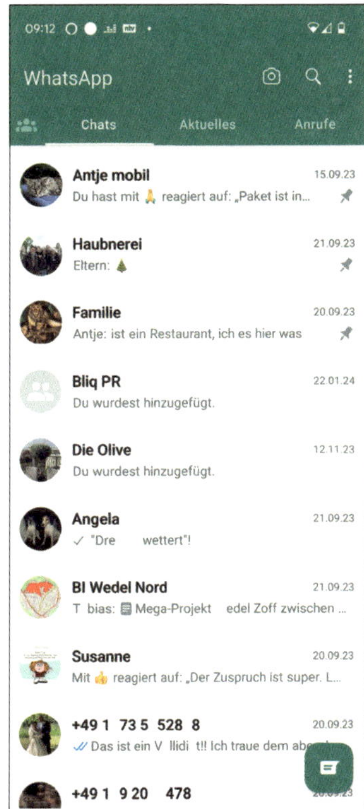

- **Kontakt auswählen.** Nun erscheint automatisch eine Liste mit allen Ihren Kontakten. Wählen Sie daraus einen Empfänger aus, indem Sie darauf tippen. Mehrere Empfänger können Sie auswählen, wenn Sie den Finger kurz auf dem ersten Kontakt halten. Danach tippen Sie beliebige weitere Kontakte hinzu, damit auch sie Ihre Nachricht bekommen. Alles zum Thema Kontakte finden Sie ab ► Seite 37ff. Alles zum Thema Gruppen finden Sie ab ► Seite 89ff.
- **Schreiben.** Tippen Sie auf das Texteingabefeld am unteren Bildschirmrand, um Ihre Nachricht zu verfassen. Alles Weitere dazu ab ► Seite 48.
- **Versenden.** Tippen Sie auf das Senden-Symbol (ein weißer, einem Papierflieger nachempfundener Pfeil auf grünem Grund), um Ihre Nachricht abzuschicken.
- **Chat.** Damit haben Sie automatisch einen neuen „Chat" erstellt, in dem Sie alle bereits gesendeten und künftigen Nachrichten von Ihnen und den Empfängern finden. Unterhalb aller Einträge ist ein Textfeld, über das Sie neue Nachrichten verfassen oder andere Inhalte verschicken können. Mehr zum Verschicken von Bildern und Dokumenten ab ► Seite 70. Wissenswertes zu Sprachnachrichten ab ► Seite 83ff.

iPhone. Auf Apple-Smartphones befindet sich das Symbol für „Neue Nachricht" ebenfalls im „Chats"-Bereich, aber rechts oben. Die Benutzeroberfläche gliedert sich in fünf Ansichten, zwischen denen Sie über Symbole am unteren Bildschirmrand wechseln.

Empfänger richtig suchen

Wie erwähnt erscheint nach dem Berühren der „Neue Nachricht"-Schaltfläche automatisch eine Liste Ihrer Kontakte.

- Sie blättern durch die Kontakte, indem Sie den Finger in vertikaler Richtung über den Bildschirm bewegen.
- Soll es schneller gehen, halten Sie den kleinen grauen Balken am rechten Bildschirmrand fest und bewegen Sie ihn nach oben und unten. Automatisch wird Ihnen dabei angezeigt, bei welchem Buchstaben Sie sich gerade befinden.
- Tippen Sie auf das Lupen-Symbol oben rechts, können Sie gezielt nach Kontakten suchen. Bereits bei Eingabe des ersten Buchstabens schlägt WhatsApp Ihnen Kontakte vor, die zu Ihrer Eingabe passen. Tippen Sie auf den passenden Eintrag oder die Lupe unten rechts, um sich alle Ergebnisse anzeigen zu lassen.
- Beim Starten der Suche werden Ihnen oberhalb der Kontaktliste diverse Felder angezeigt, mit denen Sie nach ungelesenen Nachrichten, versendeten Fotos, Audionachrichten und einigem anderen suchen können.
- Einzelne Kontakte wählen Sie aus, indem Sie kurz darauf tippen. Möchten Sie mehrere Kontakte auswählen, halten Sie den Finger länger auf dem ersten Kontakt. Nun können Sie weitere Kontakte kurz antippen, um sie zu den Empfängern hinzuzufügen.
- Haben Sie alle Empfänger ausgewählt, Ihre Nachricht geschrieben und, falls gewünscht, Inhalte angehängt, tippen Sie auf den „Senden"-Pfeil unten rechts, um die Nachricht auf die Reise zu schicken.

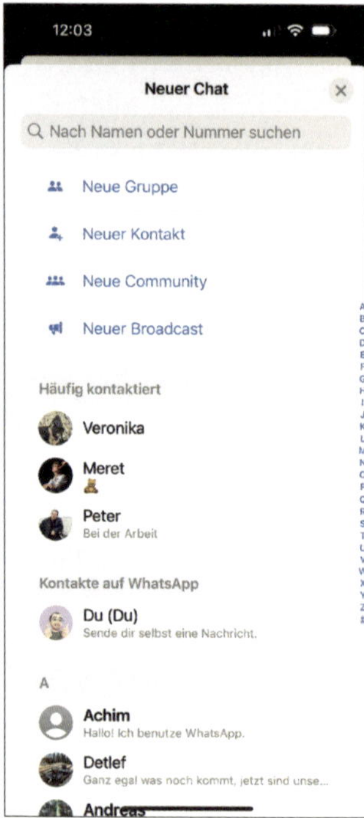

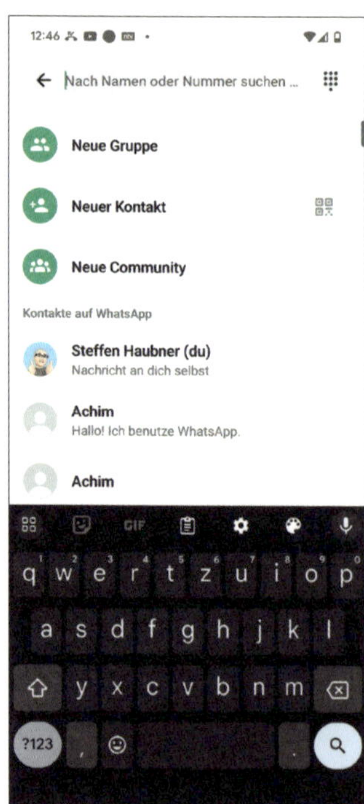

Nachrichten individuell gestalten

Es wird Sie sicherlich überraschen, aber WhatsApp hat gar keine Tastatur, zumindest keine eigene. Welches „virtuelle Keyboard“, also jene beim Verfassen eines Texts bei WhatsApp automatisch eingeblendete Tastatur, eingeblendet wird, hängt davon ab, welches Sie standardmäßig auf Ihrem Smartphone nutzen. Wenn Sie ein Android-Handy benutzen, dürfte das in den allermeisten Fällen die Tastatur von Google sein, die unter dem Namen Gboard firmiert.

Standardtastatur Gboard (Android)

Da Gboard weitgehend wie jede andere QWERTZ-Tastatur aufgebaut ist, beschränken wir uns hier auf einige Tipps.

In der obersten Buchstabenreihe sehen Sie oben rechts über den Lettern kleine **Zahlen**. Tippen Sie länger auf einen Buchstaben, erscheint die jeweils darüberstehende Zahl. Lassen Sie den Buchstaben los, wird die Zahl eingefügt. Auf diese Art tippen Sie schnell Zahlen ein, ohne über die ABC-Taste unten links die Zahlen-und-Symbole-Tastatur aufrufen zu müssen.

Tippen Sie auf die ABC-Taste unten links, um zur **Zahlen-und-Symbole-Tastatur** zu wechseln; tippen Sie auf das Feld links neben der Leertaste, wechseln Sie zwischen der Zahlen-und-Symbole-Ansicht und einem erweiterten **Ziffernblock** hin und her.

Wenn Sie noch nichts eingegeben haben, erscheint über dem Tastenfeld eine Menüleiste. Ganz links sehen Sie eine Taste, die vier Tastaturfelder darstellt. Tippen Sie darauf, können Sie die Gboard-Tastatur individualisieren.

Der **Einhändige Modus** erleichtert die Eingabe für alle, die nicht mit zwei Händen, sondern nur mit einer Hand tippen. Aktivieren Sie **Unverankert**, können Sie die Tastatur mit dem Finger frei über den Bildschirm bewegen. Interessant ist auch die Option **Übersetzen**, mit der Sie Texte mithilfe des Google-Übersetzers schnell in eine andere Sprache übertragen können.

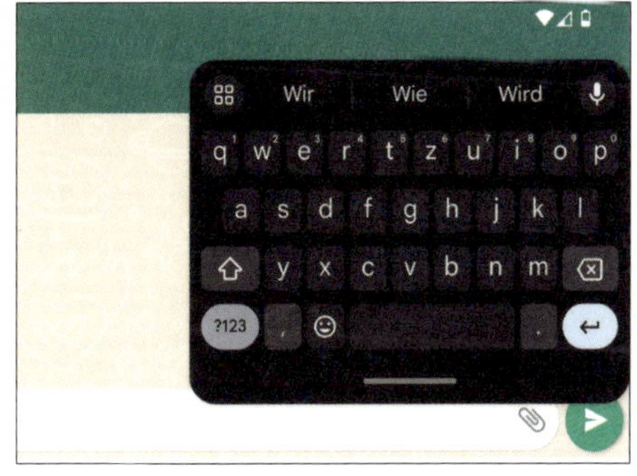

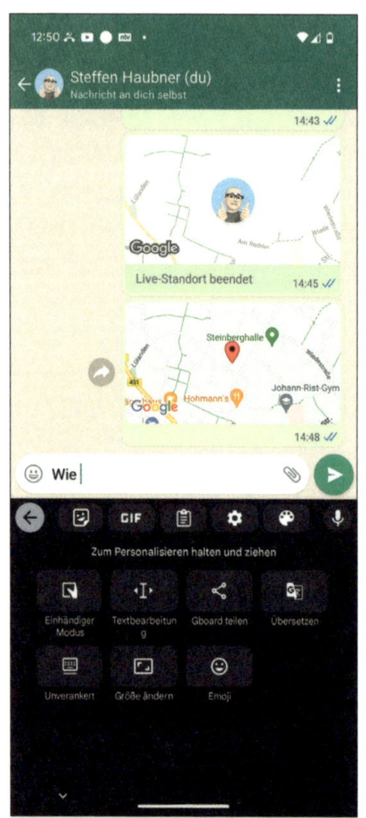

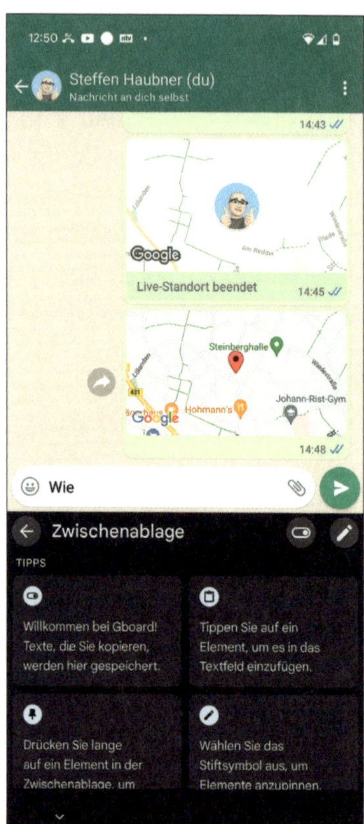

Die Gboard-Tastatur von Android bietet eine Menge Möglichkeiten – sowohl bei der Textgestaltung als auch bei den Möglichkeiten, die Tastatur selbst anzupassen (linkes Bild). Über das Paletten-Symbol können Sie beispielsweise das Design verändern. Hinter der Schaltfläche „GIF" verbergen sich animierte Emojis (mehr dazu ab ► Seite 141ff). Die Zwischenablage (rechtes Bild) müssen Sie über den Schalter oben rechts aktivieren. Das ist eine zusätzliche Sicherung, da mit dem Kopieren längerer Textbausteine aus anderen Apps der Datenschutz berührt ist. Sollten Sie die Zwischenablage ohnehin nicht nutzen, lassen Sie diese Option einfach ausgeschaltet. Ansonsten erweist sich die Zwischenablage als sehr praktische Möglichkeit, längere Texte mit anderen zu teilen, ohne sie als Dokumente verschicken zu müssen (siehe dazu ► Seite 60f).

TIPP. Über das Klemmbrettsymbol etwa in der Mitte in der Menüleiste aktivieren Sie die Zwischenablage. Sie können damit Texte, aber auch Bilder aus der Zwischenablage in Ihre Nachrichten einfügen. Das funktioniert auch über WhatsApp hinaus. Markieren Sie zum Beispiel einen Textabschnitt im Browser und kopieren ihn, können Sie ihn über die Menüleiste einfügen.

Die Gboard-Einstellungen

In der Menüleiste über dem Tastenfeld sehen Sie als drittes Symbol von rechts ein Zahnrad. Dahinter verbergen sich alle wichtigen Optionen von Gboard, insbesondere die folgenden.

- **Sprachen.** Sie können hier mit „Tastatur hinzufügen" bei Bedarf internationale Tastatur-Layouts installieren, beispielsweise die englische QWERY-Tastatur. Über die gleiche Option wechseln Sie zwischen unterschiedlichen Tastatur-Layouts.
- **Design.** Wechseln Sie zwischen unterschiedlichen Farben und Hintergründen. Das kann durchaus hilfreich sein, wenn Sie Probleme haben, die Beschriftung der Keyboard-Tasten zu erkennen. Oder wenn Sie tatsächlich jedes Mal eine Strandansicht genießen wollen, wenn Sie bei WhatApp etwas schreiben.
- **Textkorrektur.** Sicher mit der wichtigste Bereich der Einstellungen. Hier legen Sie fest, ob und welche Vorschläge und Korrekturen während der Texteingabe vorgenommen werden sollen. So können Sie Vorschläge für das nächste Wort aktivieren oder deaktivieren, die Autokorrektur – die oft zu mehr Fehlern als zu einer Verbesserung führt – aus- und wieder einschalten oder festlegen, ob Rechtschreib- und Grammatikfehler markiert werden sollen.
- **Glide Typing.** Eine besondere Eingabemethode, bei der Sie nicht tippen, sondern durch Linienbewegungen auf der Tastatur Texte erstellen. Nur geübten Nutzern zu empfehlen.
- **Spracheingabe.** Eine Google-Funktion, die Sie deaktivieren können, wenn Sie sie ohnehin nicht nutzen wollen. Mehr dazu auf ► Seite 54f.
- **Zwischenablage.** Auf diese praktische Funktion sollten Sie nicht verzichten. Mehr dazu auf ► Seite 52.

- **Datenschutz.** Statten Sie diesem Bereich auf jeden Fall einen Besuch ab. Der Google-Konzern lebt davon, fleißig Nutzerdaten zu sammeln. Falls Sie das nicht möchten, können Sie hier getrost alle Schalter auf „aus" stellen. Mehr zum Thema Datenschutz ab ► Seite 23ff.

Texte formatieren

Um bestimmte Textpassagen besonders hervorzuheben, können Sie sie formatieren. Ganz so flexibel wie in einem Textverarbeitungsprogramm funktioniert das natürlich nicht, aber zur besseren Strukturierung von Botschaften reicht es aus.

Markieren Sie einzelne Wörter, ganze Sätze oder auch Passagen direkt im Textfeld, indem Sie länger auf ein Wort tippen und die grünen Markierungen mit dem Finger über die gewünschte Passage ziehen. Dazu ist etwas Übung und – im wahrsten Sinne des Wortes – Fingerspitzengefühl nötig. Sobald Sie den Finger anheben, erscheint über der markierten Passage eine Menüleiste. Sie können den Text nun ausschneiden, kopieren oder ihn fett oder kursiv setzen.

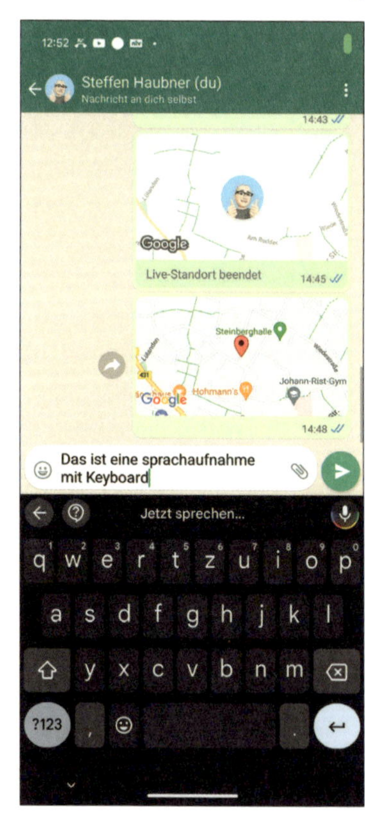

Hinter den drei Punkten ganz rechts verbergen sich noch einige andere Funktionen. So können Sie den Text durchstreichen, übersetzen oder sich vorlesen lassen. Allzu oft werden Sie diese Funktionen aber wohl nicht brauchen.

Spracheingabe über Gboard

Ihnen ist es zu mühsam, Ihre Botschaft einzutippen, wollen aber auch keine Sprachnachricht hinterlassen? Auch das ist kein Problem mit WhatsApp. Tippen Sie auf das Eingabefeld, als wenn Sie einen Text verfassen wollten. Tippen Sie dann kurz auf das Mikrofon-Symbol rechts oben in der Gboard-Tastatur. Nun sprechen Sie einfach – möglichst klar und deutlich – Ihren Text, der wie von Zauberhand „abgetippt" wird. Das klappt erstaunlich gut. Tippen Sie erneut auf das Mikrofon-Symbol, um die Eingabe zu beenden. Wollen Sie Korrekturen oder Änderungen vornehmen, tippen Sie einfach auf die fragliche Stelle im Text und benutzen die Tastatur. Danach senden Sie die Nachricht über den Senden-Pfeil ab wie eine ganz gewöhnliche Textnachricht.

Chats durchsuchen und anpinnen

In der Praxis werden Sie Kontakte meistens nicht über die Kontaktliste suchen, sondern auf bereits gestartete Chats tippen. Auch dabei erscheint unten das Texteingabefeld. Ihre darüber verfasste Nachricht wird nach dem Tippen auf den Senden-Button an alle an diesem Chat beteiligten Personen geschickt. Die Chats sind standardmäßig chronologisch geordnet.

Mit der Zeit haben Sie viele Chats, weshalb Sie unter Umständen länger nach Chats mit den gewünschten Personen suchen müssen, um diesen eine Nachricht zu schreiben. Sie tun sich leichter, wenn Sie Chats mit Ihren wichtigsten Kontakten fixieren. Tippen Sie dazu auf den betreffenden Chat und halten Sie den Finger darauf, bis oben die Menüleiste erscheint. Tippen Sie auf das Pinnnadel-Symbol, um den Chat oben anzupinnen.

GUT ZU WISSEN. Sie können immer nur drei Chats gleichzeitig anpinnen.

Chats in den Urlaub schicken: Die Archivierungsfunktion

Die Archivierung von Chats in WhatsApp wird auch „Urlaubsfunktion" genannt. Die Idee dahinter ist, dass man einzelne Chats vorübergehend ausblenden kann, weil man beispielsweise nicht an die Arbeit erinnert werden oder von allzu mitteilsamen Menschen oder Gruppen gestört werden will, ohne diese gleich ganz stummzuschalten. Es kann aber auch nützlich sein, vertrauliche Chats ins Archiv zu legen, wenn man befürchten muss, dass einem jemand über die Schulter schaut und mitliest.

Einzelchats archivieren

- Tippen Sie in „Chats" auf den Chats-Reiter, den Sie archivieren möchten, und halten Sie den Finger kurz darauf.
- Tippen Sie oben auf dem Bildschirm auf das „Archivieren"-Symbol.

Alternativ tippen Sie innerhalb eines Chats in der Menüleiste auf das Datei-Symbol mit dem nach unten zeigenden Pfeil, um einen Chat zu archivieren.

Tippen Sie oberhalb der Gesamtübersicht auf „Archiviert", um alle archivierten Chats anzuzeigen.

iPhone. Wischen Sie in „Chats" von rechts nach links über einen Einzel- oder Gruppen-Chat und tippen Sie auf „Archivieren".

Alle Chats archivieren

- Tippen Sie im Chats-Reiter auf die Drei-Punkte-Taste und dann auf „Einstellungen".
- Tippen Sie unter „Chats" auf „Chatverlauf", „Alle Chats archivieren" und bestätigen Sie mit OK.

iPhone. Tippen Sie in den Einstellungen auf „Chats" und „Alle Chats archivieren" und dann auf „Alle archivieren". Um die Archivierung rückgängig zu machen, scrollen Sie unter „Chats" ganz nach oben und tippen auf das „Archiviert"-Symbol. Tippen Sie auf den betreffenden Chat und halten den Finger kurz darauf. Tippen Sie oben auf dem Bildschirm auf das „Archivieren rückgängig"-Symbol.

GUT ZU WISSEN. Für archivierte Chats bekommen Sie keine Benachrichtigungen mehr, sondern nur noch dann, wenn Sie erwähnt werden oder jemand Ihnen direkt antwortet! Sie können aber dafür sorgen, dass eine Archivierung aufgehoben wird, wenn Sie im betreffenden Chat eine neue Nachricht erhalten. Öffnen Sie dazu die WhatsApp-Einstellungen und tippen Sie auf „Chats" und deaktivieren Sie „Chats im Archiv lassen". Das funktioniert unter Android wie unter iOS gleichermaßen.

Archivierte Einzel- oder Gruppenchats anzeigen

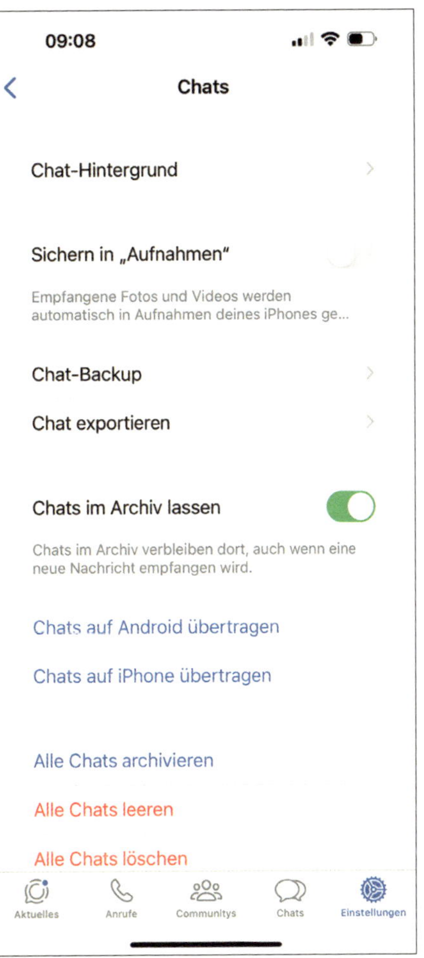

Um archivierte Chats anzusehen, scrollen Sie auf dem Chats-Bildschirm nach oben und tippen Sie auf das „Archiviert"-Symbol (Android) bzw. „Archiviert" (iPhone). Die Zahl daneben gibt an, wie viele archivierte Einzel- oder Gruppenchats ungelesene Nachrichten aufweisen.

Hinweise zum Archivieren von Chats

- Durch das Archivieren wird der betreffende Chat weder gelöscht noch auf Ihrer SD-Karte gesichert. Zum dauerhaften Speichern von Chats lesen Sie ► Seite 122ff.
- Archivierte Einzel- und Gruppenchats bleiben im Archiv, wenn Sie eine neue Nachricht im jeweiligen Chat erhalten.
- Benachrichtigungen für archivierte Chats erhalten Sie nur, wenn Sie erwähnt werden oder Ihnen geantwortet wird. In diesem Fall wird ein @-Symbol angezeigt.
- Die Zahl neben „Archiviert" zeigt an, wie viele Einzel- oder Gruppenchats ungelesene Nachrichten aufweisen.
- Sie können den Gruppenchat einer Community archivieren, indem Sie entweder im Chats- oder im Communitys-Reiter auf eine Community tippen. Tippen Sie darauf und halten Sie den Finger kurz darauf. Tippen Sie dann auf „Chat archivieren".
- Eine Community kann nicht als Ganzes archiviert werden. Wenn Sie alle Gruppen innerhalb einer Community archivieren, wird diese Community im Chats-Reiter ausgeblendet.

Was bedeuten die Häkchen?

Neben jeder gesendeten Nachricht sind ein oder zwei Häkchen in grau oder blau zu sehen.

- Ein graues Häkchen: Die Nachricht wurde erfolgreich gesendet.
- Zwei graue Häkchen: Die Nachricht wurde erfolgreich zugestellt.
- Zwei blaue Häkchen: Die Nachricht wurde vom Empfänger gelesen.

Das Folgende sollten Sie dazu wissen.

- Das zweite Häkchen wird angezeigt, wenn eine Nachricht einmal zugestellt wurde. Es kann aber sein, dass sie beispielweise auf einem verknüpften Gerät wie einem PC (► Seite 135ff) zugestellt wurde, das Smartphone des Empfängers aber ausgeschaltet ist. Das bedeutet, dass Sie nicht sicher wissen, dass der oder die Empfänger die Nachricht gerade lesen können.
- In Gruppenchats (► Seite 89ff) wird das zweite Häkchen erst dann angezeigt, wenn alle die Nachricht erhalten haben, zwei blaue Häkchen, wenn alle sie gelesen haben.
- Wurde die Nachricht nicht gesendet oder zugestellt, zeigt WhatsApp ein Uhr-Symbol an. Die Ursache dafür können Verbindungsprobleme sein.
- Lesebestätigungen werden zurückgesetzt, sobald man eine bereits gesendete Nachricht nachträglich bearbeitet. Damit bleibt nachvollziehbar, wer von der Bearbeitung Kenntnis genommen hat. Das ist beispielsweise wichtig, wenn man eine Adresse oder Terminangabe korrigiert.
- Die Farbe der Häkchen oder der Uhr lässt sich nicht ändern.

Warum werden keine Kontakte angezeigt?

Es kommt vor, dass Ihnen in WhatsApp beim Verfassen einer neuen Nachricht keine Kontakte angezeigt werden. Möglicherweise liegt das daran, dass bei der Installation keine Berechtigung erteilt wurde, auf die Kontakte Ihres Smartphones zuzugreifen. Gehen Sie in die Einstellungen Ihres Smartphones (nicht die von WhatsApp!), tippen Sie auf „Apps", „Alle Apps" (die genauen Bezeichnungen können je nach Telefon variieren), dann auf „WhatsApp" und „Berechtigungen". Tippen Sie dort auf „Kontakte" und aktivieren Sie die Option „Zulassen".

Lesebestätigung – ja oder nein?

Für die einen sind Lesebestätigungen – die wie oben beschrieben durch Häkchen angezeigt werden – eine willkommene Art, um festzustellen, ob eine Nachricht angekommen ist oder nicht. Für die anderen sind sie ein ärgerlicher Eingriff in die Selbstbestimmung. Erscheinen neben einer gesendeten Nachricht oder einer Sprachnachricht keine zwei blauen Häkchen, kann das mehrere Gründe haben: Die Empfangsseite hat den Chat mit Ihrer gesendeten Nachricht noch nicht geöffnet, ihr Telefon ausgeschaltet oder Sie blockiert. Möglicherweise hat aber auch einer von beiden Probleme mit der Internetverbindung. Auch wenn eine Person zum ersten Mal eine Nachricht von Ihnen erhält, wird manchmal keine Lesebestätigung an Sie gesendet. Und schließlich kann es daran liegen, dass die Einstellungen für Datum und Uhrzeit auf einem der beiden Telefone nicht korrekt konfiguriert sind.

Es kann aber auch sein, dass Sie oder die Empfangsseite Lesebestätigungen in den Datenschutz-Einstellungen deaktiviert haben. Um Ihre Lesebestätigungen auszuschalten, öffnen Sie auf Ihrem Android-Telefon oder iPhone die Einstellungen und „Datenschutz" und schalten Sie dann Lesebestätigungen aus.

Wenn Sie die Lesebestätigungen anderer ausschalten, werden Ihnen auch keine Lesebestätigungen von anderen angezeigt.

GUT ZU WISSEN. Lesebestätigungen in Gruppenchats und Abspielbestätigungen für Sprachnachrichten werden dadurch nicht ausgeschaltet. Es gibt keine Möglichkeit, diese zu deaktivieren.

Nachrichten nachträglich bearbeiten

Das würde man sich sicher auch für Briefe, E-Mail-Nachrichten oder mündliche Aussagen wünschen: Auch bereits gesendete Nachrichten lassen sich in WhatsApp automatisch korrigieren. Das geht bis zu 15 Minuten nach Versenden der Nachricht. Natürlich gilt das nur für Nachrichten, die Sie selbst geschrieben haben.

- Öffnen Sie zuerst den Chat mit der Nachricht, die Sie bearbeiten möchten.
- Tippen und halten Sie Ihren Finger auf der Nachricht, bis sie markiert wird.

- Klicken Sie nun auf die drei Punkte rechts oben in der Menüleiste.
- Wählen Sie „Bearbeiten".
- Sie können die Nachricht jetzt bearbeiten.
- Bestätigen Sie die Änderungen, indem Sie auf den Haken tippen.

Bei bearbeiteten Nachrichten erscheint der Hinweis „bearbeitet". Die Empfänger können also sehen, dass Sie etwas geändert haben. Der genaue Änderungsverlauf bleibt aber verborgen.

Inhalte kopieren und in Nachrichten einfügen

Mit der virtuellen Tastatur (► Seite 32) haben Sie bereits ein Werkzeug kennengelernt, das in WhatsApp genutzt wird, aber nicht direkt zum Messenger gehört. Ganz ähnlich verhält es sich mit der Zwischenablage. Darunter versteht man einen temporären Speicher, mit dessen Hilfe sich Inhalte innerhalb von Apps, aber auch zwischen Apps übertragen lassen. Wie das genau funktioniert, möchte ich Ihnen an einem Praxisbeispiel erläutern.

Sie finden im mobilen Browser – sei es Chrome, Firefox oder Safari – eine Textstelle, die Sie jemandem übermitteln möchten. Markieren Sie die Textstelle im Browser. Meist funktioniert das, indem Sie den Text antippen, den gewünschten Textbereich mit dem Finger anpassen und dann im Kontextmenü auf „Kopieren" tippen.

Wechseln Sie nun zu WhatsApp. Tippen Sie kurz auf das Textfeld, über das Sie sonst Nachrichten mit der virtuellen Tastatur verfassen. Nun erscheint oberhalb des Textfeldes eine Auswahl mit einfügbaren Inhalten, unter denen sich auch der kopierte Textbaustein aus dem Zwischenspeicher befinden sollte. Tippen Sie darauf, um ihn einzufügen. Sie können den Textbaustein frei ergänzen und bearbeiten, bevor Sie ihn versenden.

Auf die gleiche Weise können Sie auch Textbausteine aus anderen Apps wie etwa der mobilen Version von Word, Google Docs oder einer E-Mail-App kopieren und in WhatsApp einfügen.

Die Textmenge, die Sie einfügen können, ist auf 65.536 Zeichen begrenzt. Bei einer solchen Textmenge sollten Sie sich aber dringend überlegen, ob es nicht doch zweckmäßiger ist, den Text als Dokument zu versenden (► Seite 79).

Um umgekehrt den Inhalt einer WhatsApp-Nachricht über eine andere App beispielsweise per Mail zu versenden, tippen Sie auf die Nachricht und halten Sie den Finger kurz darauf. Nun wählen Sie in der oberhalb der Nachricht erscheinenden Funktionsleiste das Symbol für Kopieren (zwei übereinanderliegende Blätter). Der markierte Text ist nun in der Zwischenablage und steht in anderen Apps und Anwendungen zum Einfügen bereit.

Nachrichten empfangen und verwalten

Zum Empfangen von Nachrichten müssen Sie nicht viel machen. Wenn Ihnen ein Kontakt etwas schreibt, sei es unter vier oder mehr Augen oder in einer Gruppe, wird die Nachricht unter „Chats" angezeigt. Tippen Sie darauf, wird der komplette Chat, das heißt alle jene Nachrichten angezeigt, die Sie bislang mit diesem Kontakt oder diesen Kontakten ausgetauscht haben.

Kurz oder lang?

Achtung, hier vertut man sich leicht: Tippen Sie unter „Chats" kurz auf den Chat, der die Nachricht enthält, und dann lang auf die Nachricht, auf die Sie eine der nachfolgenden Optionen anwenden wollen. Tippen Sie kurz auf eine oder mehrere weitere Nachrichten, wenn Sie die Option auf mehrere Nachrichten anwenden wollen. Das ist unter anderem praktisch, wenn Sie mehrere Nachrichten gleichzeitig löschen wollen.

Tippen Sie auf eine Nachricht innerhalb dieses Chats und halten Sie den Finger kurz darauf.

Direkt über der Nachricht wird eine Leiste mit „Emojis" angezeigt. Tippen Sie auf eines davon, um die Nachricht direkt mit einem dieser Stimmungssymbole zu kommentieren. In der Leiste werden die am häufigsten verwendeten Emojis angezeigt. Tippen Sie auf das Plus-Symbol auf der rechten Seite, um sehr viel mehr Symbole zur Auswahl aufzurufen.

Was Sie noch alles mit Nachrichten machen können: Zitieren, weiterleiten, löschen …

Über dem Chat wird eine **Funktionsleiste** angezeigt. Sie ermöglicht eine ganze Reihe von Optionen, die Nachricht weiterzuverarbeiten. Von links nach rechts finden Sie die folgenden Symbole.

- Über den **Pfeil** auf der linken Seite kehren Sie zum **Chat** zurück.
- Die **Zahl** zeigt an, wie viele Nachrichten Sie markiert haben.
- Mit dem etwas dickeren, geschwungenen **Pfeil nach links** können Sie die markierte Nachricht zitieren. Das heißt, Sie kehren zum Chat zurück, wo unter der markierten Nachricht nun das Eingabefeld erscheint. So weiß der Urheber der Nachricht, worauf sich Ihre Antwort bezieht. Diese Option ist nur auf einzelne Nachrichten anwendbar, haben Sie mehrere markiert, erscheint das Symbol nicht in der Funktionsleiste.
- Tippen Sie auf den **Stern**, um die Nachricht als „wichtig" zu markieren. Tippen Sie erneut auf den nun durchgestrichenen Stern, um diese Markierung wieder aufzuheben.
- Das **i** (für **„Info"**) führt zu einer Übersicht, ob und wann die markierte Nachricht zugestellt (zwei graue Häkchen) und gesehen (zwei blaue Häkchen) wurde. Diese Option ist nur auf einzelne Nachrichten anwendbar, haben Sie mehrere markiert, erscheint das Symbol nicht in der Funktionsleiste.
- Über das **Mülleimer-Symbol** können Sie die markierten Nachrichten löschen.
- Mit dem etwas dickeren, geschwungenen **Pfeil nach rechts** können Sie die markierten Nachrichten weiterleiten. Tippen Sie darauf, erscheint Ihre Kontaktliste. Sie können hier mehrere Kontakte auswählen, in der Liste noch nicht vorhandene Kontakte hinzufügen (über das Kontakte-Symbol mit dem Plus-Symbol) oder direkt nach Kontakten suchen (über das Lupe-Symbol). Tippen Sie dann auf den „Senden"-Pfeil unten rechts, um die Nachricht(en) weiterzuleiten.
- Über das **Menü-Symbol** (drei vertikale Punkte) ganz rechts erreichen Sie zudem die Optionen **„Kopieren"** (um den Nachrichtentext in die Zwischenablage zu kopieren und ihn an einem beliebigen anderen Ort,

also auch außerhalb von WhatsApp, einzufügen), **„Teilen"** (um die Nachricht außerhalb von WhatsApp, also über andere auf Ihrem Smartphone installierte Apps, zu teilen) und **„Fixieren"** (um die Nachricht innerhalb eines Chats für einen auszuwählenden Zeitraum zu fixieren). Die letztgenannte Option ist beispielsweise hilfreich, um eine wichtige Information wie eine geteilte Ortsangabe bei Bedarf länger im Fokus zu behalten.

iPhone. Beim iPhone ist das etwas anders: Es gibt keine Menüleiste! Das heißt natürlich nicht, dass es keine Optionen gibt. Sie werden nur anders aufgerufen, und zwar wie folgt.

- Streichen Sie von links nach rechts über den betreffenden Chat und tippen Sie auf „Fixieren", um ihn dauerhaft anzuheften, oder auf „Ungelesen", um ihn als ungelesen zu markieren. Das ist zum Beispiel sinnvoll, wenn Sie sich selbst später daran erinnern wollen, dass darin eine wichtige Nachricht enthalten ist oder Sie noch antworten wollten. Streichen Sie von rechts nach links über den betreffenden Chat und tippen Sie auf „Archivieren", um den Chat zu archivieren (► Seite 122ff; Achtung: Streichen Sie nicht ganz bis zum Bildschirmrand, weil der Chat sonst gelöscht wird!) Er erscheint dann ganz oben in den Chats, direkt über den angehefteten Chats unter „Archiviert". Öffnen Sie das Archiv, streichen Sie von rechts nach links über den Chat und tippen Sie dann auf „Rückgängig", um den Chat aus dem Archiv zu entfernen.
- Streichen Sie von rechts nach links über den betreffenden Chat und tippen Sie auf „Mehr" für mehr Optionen. (Achtung: Streichen Sie nicht ganz bis zum Bildschirmrand, weil der Chat sonst gelöscht wird!) Sie können den Chatpartner zu Ihren Kontakten hinzufügen, stummschalten oder blockieren. Außerdem können Sie den Chat sperren, leeren oder löschen.
- Tippen Sie auf einen Chat und halten Sie den Finger kurz darauf. Es erscheint eine Miniaturansicht des Chats und darunter ein Bearbeitungsmenü. Damit Sie besser darauf zugreifen können, schieben Sie das Ganze etwas nach oben, indem Sie von unten nach oben über den Bildschirm streichen. Darüber können Sie den Chat als ungelesen

markieren, archivieren oder stummschalten, sperren oder löschen. Oder Sie können den Chatpartner ganz blockieren.

GUT ZU WISSEN. Versehentlich gelöschte Chats – sei es unter Android, sei es auf dem iPhone – lassen sich nicht ohne Weiteres wiederherstellen! Die einzige Möglichkeit, das Löschen rückgängig zu machen, ist recht umständlich und daher nur die Ultima Ratio bei wirklich wichtigen Chats und Nachrichten. Da WhatsApp regelmäßig Back-ups durchführt, können Sie WhatsApp deinstallieren, danach neu installieren und dabei das aktuelle Back-up wiederherstellen (► Seite 19). Auch deshalb ist es eine gute Idee, regelmäßig selbst ein Back-up durchzuführen. Nicht wiederherstellen lassen sich kürzlich empfangene und vor dem Back-up gelöschte sowie ältere Chats, die bereits durch ein neueres Back-up überschrieben wurden.

Selbstlöschende Nachrichten

Es besteht immer die Möglichkeit, dass Ihr Smartphone in die falschen Hände gerät. Dadurch besteht die Gefahr, dass Unbefugte Ihre Nachrichten lesen und so mehr über Sie erfahren könnten, als Ihnen lieb sein kann. Eine wirksame Möglichkeit, dieser Gefahr zu begegnen, sind selbstlöschende Nachrichten. Konkret heißt das: Solche Nachrichten werden wahlweise nach 24 Stunden, 7 Tagen oder 90 Tagen automatisch gelöscht. Diese Option kann für einzelne Chats wie auch für ganze Gruppen festgelegt werden.

- Tippen Sie auf den Chat, für den Sie die Option aktivieren wollen. Tippen Sie oben auf den Namen des Chatpartners oder der Gruppe.
- Tippen Sie auf der sich nun öffnenden Seite auf „Selbstlöschende Nachrichten".

- Legen Sie den gewünschten Zeitraum fest und kehren Sie mittels des Pfeils oben links zum Chat zurück.
- Chats mit selbstlöschenden Nachrichten erkennen Sie an dem grauen Uhr-Symbol neben dem Profilbild des Kontaktes oder der Gruppe.
- In Gruppen entscheiden die Initiatoren (Admins), wer die Funktion „Selbstlöschende Nachrichten" aktivieren und deaktivieren kann.
- Auch versendete Medien werden gelöscht, wenn „Selbstlöschende Nachrichten" aktiviert ist.

TIPP. Wenn Sie sich dafür entscheiden, künftig grundsätzlich für alle Chats „Selbstlöschende Nachrichten" zu aktivieren, tippen Sie auf der Seite „Selbstlöschende Nachrichten" ganz unten „Probiere eine Standardnachrichtendauer". Sie können diese Option alternativ auch über die WhatsApp-Einstellungen und „Datenschutz" festlegen.

Weitere wichtige Hinweise und Einstellungen für Chats

Einstellungen für alle Chats

Grundsätzlich müssen Sie unterscheiden, ob Sie Einstellungen für einzelne Chats oder für alle Chats gleichermaßen vornehmen. Um Einstellungen für alle Chats vorzunehmen, tippen Sie in der Hauptansicht oben rechts auf die Drei-Punkte-Taste, „Einstellungen" und „Chats". Folgende Einstellungen können Sie hier vornehmen:

- **Design.** Wählen Sie zwischen einem hellen und einem dunklen Design oder wählen Sie „Systemeinstellung", um das Erscheinungsbild von WhatsApp von den Einstellungen abhängig zu machen, die Sie (in den Einstellungen Ihres Smartphones) für das ganze Gerät vorgenommen haben.
- **Hintergrund.** Wählen Sie den Standard-Hintergrund, ein Motiv oder eines Ihrer eigenen Fotos als Hintergrund für alle Chats aus, indem Sie auf „Ändern" tippen und Ihre Wahl treffen. Tippen Sie oben rechts auf die Drei-Punkte-Taste und „Einstellungen für den Hintergrund zurücksetzen", wenn Sie zur ursprünglichen Version zurückkehren möchten.

- Wenn Sie unter **„Chat-Einstellungen"** die Option „Enter = Senden" aktivieren, wird eine neu verfasste Nachricht in allen Chats automatisch gesendet, sobald Sie die Eingabetaste betätigen. Das spart etwas Zeit, birgt jedoch die Gefahr von „Schnellschüssen".
- Zur **Sichtbarkeiten von Medien** lesen Sie ► Seite 79ff.
- **Schriftgröße.** Stellen Sie die für Sie angenehme Größe der Buchstaben ein.
- Zum **Archivieren von Chats** lesen Sie ► Seite 55ff.
- Zum **Back-up von Chats** lesen Sie ► Seite 122ff.
- Sie können Chatverläufe von einem Smartphone auf das andere übertragen, beispielsweise wenn Sie Ihr Gerät wechseln möchten. Tippen Sie dazu auf **„Chats übertragen"** und „Starten" und folgen Sie den Bildschirmanweisungen.
- **Chatverlauf.** Hier können Sie einzelne oder alle Chats exportieren, alle Chats leeren, also die Nachrichten löschen, aber den Chat samt den Kontakten behalten, oder Chats ganz löschen.

iPhone. Auf Apple-Telefonen sind die Optionen weitgehend gleich, es gibt aber auch Unterschiede. So fehlt die Option „Designs" auf dem iPhone. Dennoch können Sie zwischen hellem und dunklem Design wechseln, allerdings nicht über WhatsApp, sondern über die Systemeinstellungen des iPhone. Tippen Sie dort unter „Anzeige & Helligkeit" auf „Dunkel". Kehren Sie nun zu WhatsApp zurück, können Sie den Hintergrund im Dunkelmodus anpassen.

Sie gelangen in das Einstellungen-Menü über „Einstellungen" und „Chats". Weitere Optionen sind die folgenden.

- **Hintergrund.** Wie unter Android wird über diese Option der Standard-Hintergrund für Chats ausgewählt. Möchten Sie stattdessen Chats für einzelne Kontakte oder Gruppen gesondert gestalten, so können Sie das in der Kontaktinfo

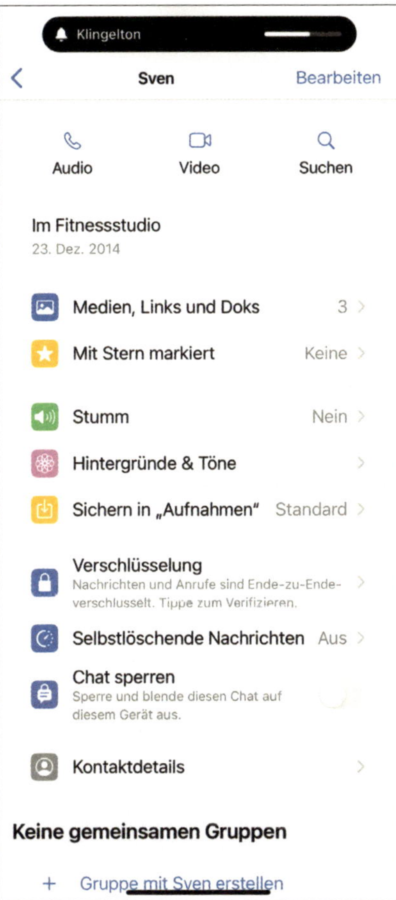

bzw. Gruppeninfo tun. Tippen Sie dazu in der Chat-Ansicht des betreffenden Kontakts oder der betreffenden Gruppe oben auf den Namen.

- **Sichern in „Aufnahmen".** Alle Fotos und Videos, die Sie über WhatsApp empfangen, werden automatisch auf Ihrem iPhone gespeichert. Beachten Sie, dass das auf Dauer den Speicher sehr belastet und Sie sich hinterher die Mühe machen müssen, alles wieder zu löschen.
- **Chat-Back-up.** Lesen Sie dazu ► Seite 122ff.
- **Chats exportieren.** Bereiten Sie einzelne Chats – ob mit oder ohne Medien, können Sie dabei auswählen – für den Versand an andere WhatsApp-Kontakte, per Mail oder in einen Online-Speicher vor.

GUT ZU WISSEN. Aktivieren Sie unter „Autom. Back-up“ mindestens die Option „Monatlich“, besser aber „Wöchentlich“, um vor dem Verlust wichtiger Nachrichten geschützt zu sein. Die Back-ups werden jeweils überschrieben, sodass Sie kein Überlaufen des Speichers befürchten müssen.

Einstellungen für einzelne Chats

Um Einstellungen für Einzel- oder Gruppenchats vorzunehmen, öffnen Sie den betreffenden Chat, tippen Sie oben auf den Chatreiter und halten Sie den Finger kurz darauf. Sie sind jetzt in der Gesamtübersicht für diesen Chat und können dort auch neben anderenorts in diesem Buch beschriebenen Funktionen verschiedene Einstellungen vornehmen, die ausschließlich für diesen Chat gelten sollen. Wichtig sind hier vor allem:

- **Benachrichtigungen stummschalten.** Aktivieren Sie diese Option, wenn Sie keine Benachrichtigungen für diesen Chat mehr erhalten wollen.
- **Eigene Benachrichtigungen.** Aktivieren Sie diese Option, wenn Sie durch besondere Töne, Vibrationen oder optische Signale benachrichtigt werden wollen, wenn in diesem Chat eine neue Nachricht eingeht. Auf diese Weise wissen Sie immer sofort, in welchem Chat die Nachricht eingegangen ist. Dies empfiehlt sich für Menschen oder Gruppen, die Ihnen besonders wichtig sind, oder wenn Sie zum Beispiel Teil einer Reisegruppe sind, die sich über WhatsApp verständigt und verabredet.
- **Chatsperre.** Aktivieren Sie diese Option, wenn Sie einen Chat beenden und auf Ihrem Gerät ausblenden möchten, ohne die damit verknüpften Personen komplett zu blockieren (► Seite 86).

Benachrichtigungen

Gehen Sie in die Einstellungen Ihres Smartphones (nicht die von WhatsApp!), tippen Sie auf „Apps“, „Alle Apps“ (die genauen Bezeichnungen können je nach Telefon variieren), dann auf „WhatsApp“ und „Benachrichtigungen“. Tippen Sie dort auf „Kontakte“ und aktivieren Sie die Option „Alle Benachrichtigungen von

WhatsApp" – oder deaktivieren Sie sie, wenn Sie gar nicht von WhatsApp gestört werden wollen.

Sind die Benachrichtigungen aktiviert, können Sie unter „Chats" auswählen, ob Sie auch dann benachrichtigt werden wollen, wenn eine neue Nachricht in einem Gruppen-Chat eintrifft.

Im Kapitel „Sprecht miteinander! Kommunikation in Gruppen" (► Seite 89ff) erfahren Sie, wie Sie einzelne Gruppen stummschalten.

Im Kapitel „Immer auf dem Laufenden" (► Seite 101ff) erfahren Sie, wie Sie die Benachrichtigungen und Signaltöne in WhatsApp Ihren persönlichen Vorlieben anpassen können. So können Sie festlegen, ob Sie bei jeder eintreffenden WhatsApp-Nachricht mit einem Signalton informiert werden wollen oder nur dann, wenn Nachrichten von wichtigen Kontaktpersonen eintreffen.

Nachrichten schreiben, ohne zu tippen (Google Assistant)

Wenn es Ihnen zu mühsam ist, Nachrichten über die Display-Tastatur einzugeben, dann können Sie eine Sprachnachricht versenden (► Seite 83ff) oder eine geschriebene Nachricht einsprechen. Damit das klappt, muss der Google Assistant auf Ihrem Smartphone installiert sein. Auf Android-Geräten (für die Google ja das Betriebssystem liefert) sollte das normalerweise der Fall sein. Falls nicht, können Sie den Google Assistant kostenlos aus dem Play Store herunterladen. Auf iPhones können Sie den Google Assistant aus dem App Store herunterladen. Natürlich ist er auch hier gratis.

- Beginnen Sie eine neue Nachricht und tippen Sie auf das Texteingabefeld.
- Auf der nun erscheinenden virtuellen Tastatur befindet sich rechts oben ein Mikrofon-Symbol. Verwechseln Sie es bitte nicht mit dem grünen Mikrofon-Symbol für Sprachnachrichten (► Seite 83ff), das sich ungünstigerweise direkt darüber befindet.

iPhone. Tippen Sie auf das Eingabefeld zum Erstellen einer neuen Nachricht. Das Mikrofon-Symbol zur mündlichen Aufnahme von Textnachrichten befindet sich auf der Tastatur rechts unten links, unterhalb der Leertaste.

- Sprechen Sie nun Ihre Nachricht in das Mikrofon Ihres Smartphones, der Text wird in schriftlicher Form in das Texteingabefeld übertragen.
- Tippen Sie zum Absenden Ihrer Nachricht auf das grüne Pfeil-Symbol.

Bilder und Videos versenden, bearbeiten und sichern

Dass ein Bild mehr als 1.000 Worte sagt, mag eine Binsenweisheit sein. Wahr ist es trotzdem. Ein Beleg dafür ist die Tatsache, dass über WhatsApp wohl ähnlich viele Bilder verschickt werden wie Textnachrichten. Die Palette reicht von einfachen Schnappschüssen und Grußbotschaften über Memes bis hin zu mehr oder weniger aufwendig gestalteten Grafiken. Das Teilen von Fotos mit Kontakten oder Gruppen ist denkbar einfach. Doch man kann in WhatsApp sehr viel mehr mit Fotos machen, als es zunächst scheint.

Memes

Mit Texten versehene und über das Internet geteilte Bilder, die meist eine einfache Botschaft oder einen Witz transportieren. Beim öffentlichen Teilen von Memes sollten Sie immer berücksichtigen, dass die zugrunde liegenden Aufnahmen dem Urheberrechtsschutz unterliegen könnten. Das private Teilen von Memes ist aber unproblematisch.

Bilder und Dokumente direkt versenden

Das Versenden von Bildern – wie auch von Videos oder Dokumenten – erfolgt typischerweise über den Bereich „Chats". Alternativ kommen Sie aus allen Bereichen über das Kamera-Symbol oben rechts zur Foto-Funktion.

Beginnen Sie unter „Chats" eine neue Nachricht, indem Sie auf das „Neue Nachricht"-Symbol rechts unten tippen, und wählen Sie einen einzelnen Empfänger, eine Gruppe (► Seite 89ff) oder eine Community (► Seite 129ff). Nun haben Sie mehrere Möglichkeiten, ein Bild hinzuzufügen.

- Tippen Sie auf das Kamera-Symbol rechts im Texteingabefeld, um direkt ein Foto zu machen, das Sie verschicken möchten.
- Tippen Sie auf den Auslöser in der Mitte, um direkt ein Foto zu machen. Über den Button daneben können Sie von der Haupt- zur Selfie-Kamera umschalten. Oben rechts können Sie den Blitz ein- oder ausschalten oder auf „Auto" stellen (Blitz-Symbol mit einem kleinen A).
- Alternativ tippen Sie auf das Symbol links neben dem Auslöser. Wählen Sie aus „Letzte" (zuletzt angezeigte oder versendete Bilder) oder „Galerie" (auf Ihrem Handy gespeicherte Bilder). Die Drei-Punkte-Taste

Profi-Tricks

Sind Textfeld und virtuelle Tastatur geöffnet, haben Sie mehrere sinnvolle Optionen.

- Tippen Sie auf die beiden Quadrate mit dem Plus-Zeichen ganz links, um weitere Aufnahmen hinzuzufügen, die Sie dann zusammen versenden können.
- Tippen Sie erneut auf das Textfeld und halten Sie kurz den Finger darauf. Nun erscheint die Option „Automatisch ausfüllen". Tippen Sie darauf, um wahlweise Kontakte oder Passwörter zu versenden. Interessant ist hier besonders die Option „Text scannen". Tippen Sie darauf und halten Sie die Rückenkamera über einen Text. Wurde der gewünschte Textbereich erfasst, tippen Sie auf „Einfügen", um ihn in die Bildunterschrift einzufügen.
- Ganz rechts im Textfeld sehen Sie eine in einem Halbkreis eingeschlossene Zahl 1. Tippen Sie darauf, aktivieren Sie die „einmalige Ansicht". Das bedeutet, dass das versendete Bild sofort aus dem Speicher des Empfängers gelöscht wird, sobald er es angesehen hat. Es erscheint zunächst nur als Symbol im Chat, das der Empfänger anklicken muss, um es zu sehen. Nach dem Schließen kann es nicht erneut geöffnet werden. Damit verhindern Sie unter anderem, dass das Bild vom Empfänger weitergeleitet wird. Beachten Sie aber, dass der Empfänger durchaus einen Screenshot des Bildes anfertigen kann, bevor es gelöscht wird.

oben rechts führt direkt zum Online-Speicher von Google Fotos. Für alle diese Zugriffe müssen Sie beim ersten Mal eine Berechtigung erteilen.

- Tippen Sie unterhalb des Auslösers auf „Video", um statt eines Fotos ein Video aufzunehmen.
- Nach einer direkten Aufnahme können Sie das Bild über die Menüleiste am oberen Bildrand bearbeiten.
- Wenn Sie gleich eine Aufnahme aus der Galerie auswählen wollen, tippen Sie statt auf das Kamera-Symbol auf das Büroklammer-Symbol in der Texteingabeleiste.
- Verfassen Sie bei Bedarf eine Bildunterschrift, indem Sie auf das Textfeld unterhalb des Bildes tippen und über die virtuelle Tastatur den gewünschten Text eingeben.
- Ist alles fertig, tippen Sie auf das blaue Pfeilsymbol unten rechts.

TIPP. Sie können auch Bilder an sich [Kontakteintrag: „Du (Du)"] selbst versenden. Das kann unter anderem sinnvoll sein, wenn Sie Bilder vor dem Teilen direkt in WhatsApp bearbeiten wollen. Auch als Gedächtnisstütze können an sich selbst verschickte Bilder hilfreich sein.

Bilder vor dem Versenden bearbeiten

Wenn Sie ein Foto geschossen haben oder aus Ihrer Galerie auswählen, erscheint oberhalb des Bildes eine Funktionsleiste. Damit können Sie die Aufnahme direkt in WhatsApp bearbeiten, bevor Sie sie losschicken. Die Menüleiste besteht aus den folgenden Elementen.

- **HD-Symbol** (obere Funktionsleiste). Passen Sie die Qualität der Aufnahme an auf „Standardqualität" (1.152 × 2.048 Pixel), was als Standard eingestellt ist, oder „HD-Qualität" (2.160 × 3.840 Pixel).
- **Drehen-Symbol** (obere Funktionsleiste). Ändern Sie die Ausrichtung des Bildes. Sie können über die Skala unter dem Bild die Ausrichtung Grad für Gard anpassen. Über das Drehen-Symbol unten links können Sie das ganze Bild drehen für den Fall, dass es

auf der Seite oder auf dem Kopf steht. Über das „Format"-Symbol rechts unter dem Bild können Sie das Seitenverhältnis ändern. Tippen Sie auf „Zurücksetzen", um Änderungen rückgängig zu machen, oder auf „Fertig", um sie zu speichern.

- **Sticker-Symbol** (obere Funktionsleiste). Fügen Sie unterschiedliche Motive in das Bild ein. Sobald es eingefügt ist, können Sie das Motiv mit dem Finger frei im Bild bewegen. Möchten Sie es löschen, ziehen Sie das Motiv auf das Mistkübel-Symbol oben links.
- **T** (obere Funktionsleiste). Fügen Sie ein oder mehrere Textfelder ein. Die Farbe können Sie über die Farbskala rechts anpassen, die Schriftart über die Auswahl am unteren Bildrand. Am oberen Bildrand finden Sie noch zwei Symbole für die Textausrichtung und für den Hintergrund. Tippen Sie auf „Fertig", wenn Sie mit dem Text zufrieden sind. Wie

Die Bildqualität

Bilder beanspruchen mehr Datenvolumen beim Versenden und Speicherplatz auf dem Handy als Textnachrichten. WhatsApp reduziert daher die Bildauflösung, damit Fotos schneller verschickt werden können und nicht zu viel Platz beanspruchen. 3 MB schrumpfen dadurch auf 100 KB zusammen. Das reicht fürs Handydisplay völlig aus, doch dem Empfänger liegen damit auch weniger Bilddaten vor. Das macht sich unter anderem dann bemerkbar, wenn er das Foto bearbeiten oder ausdrucken will. Möchten Sie die Aufnahme in voller Auflösung und in Originalqualität weitergeben, verschicken Sie es als Dokument. Wie das geht, erfahren Sie in den folgenden Abschnitten.

Motive können auch Textfelder frei über das Bild bewegt werden. Löschen Sie ein Textfeld, indem Sie es auf Mistkübel-Symbol oben links ziehen.
- **Stift-Symbol** (obere Funktionsleiste). Aktivieren Sie die Zeichenfunktion. Die Farbe lässt sich mittels der Farbskala rechts anpassen, die Strichstärke mittels der Auswahlleiste am unteren Bildrand.
- **Filterauswahl.** Wischen Sie kurz von unten nach oben über das Bild, gelangen Sie in eine Filterauswahl. Mit horizontalen Wischgesten können Sie den passenden Filter auswählen.
- Jede Änderung kann über den Pfeil ganz links rückgängig gemacht werden, der automatisch erscheint, sobald Sie die erste Änderung vorgenommen haben.

TIPP. Nichts, wirklich gar nichts ist peinlicher, als ein Bild an die falschen Personen zu schicken. Vor dem Versenden blendet WhatsApp daher seit einiger Zeit direkt unter der Textzeile die Namen der Empfänger ein. Nutzen Sie diese Information, um noch einmal zu überprüfen, ob Sie sich nicht vertippt haben!

Bilder mit Standort und Uhrzeit verschicken

Via WhatsApp verschickte Bilder sind so etwas wie die moderne Version der guten alten Ansichtskarte. Und Sie haben sogar die Möglichkeit, den Empfängern mitzuteilen, wo genau das Bild aufgenommen wurde. Versenden Sie mit dem Smartphone aufgenommene Bilder per WhatsApp, wird der automatisch erfasste Standort allerdings erst einmal gelöscht. Unter anderem deshalb, um die Menge der übertragenen Daten zu reduzieren. Bevor Sie das Bild verschicken, können Sie den Standort aber manuell hinzufügen. Tippen Sie dazu auf das Sticker-Symbol in der Bearbeitungsleiste. Unter „Inhalt-Sticker" finden Sie Sticker, die automatisch die aktuelle Uhrzeit beim Erstellen der Nachricht anzeigen. Tippen Sie auf den rechteckigen Sticker mit dem grünen Pinnnadel-Symbol. Danach werden in der Nähe erfasste Standorte in einer Liste angezeigt. Tippen Sie auf den gewünschten Eintrag, dann wird der Name in der Art eines Straßenschilds aufgemacht in das Bild eingefügt. Sie können ihn, wie alle anderen hinzugefügten Elemente auch, frei im Bild verschieben. Tippen Sie danach auf das „Senden"-Symbol.

INFO. Die beschriebene Standortbestimmung hat in erster Linie dekorative Funktion. Möchten Sie Ihren Standort teilen, um von anderen gefunden zu werden, sollten Sie dagegen Ihren Live-Standort übermitteln. Wie das funktioniert, erfahren Sie auf ► Seite 82f.

Andere Medien verschicken

Neben Fotos und Video können Sie über WhatsApp auch Links, Dokumente und Dateien aller Art versenden. Das geht meist schneller und unkomplizierter als per Mail. Bei Dateien sollten Sie unbedingt darauf achten, dass auch alle Empfänger damit einverstanden sind. Denn gerade größere Anhänge können auf der anderen Seite für Ärger sorgen und Übertragungs- und Speicherplatzprobleme verursachen.

Links

Wenn Sie beim mobilen Surfen eine Seite oder einen Artikel gefunden haben, den Sie gerne jemandem übermitteln möchten, dann geht das in den meisten gängigen Browsern über die „Teilen"-Funktion. Beim Chrome-Browser, der auf den meisten Android-Smartphones vorinstalliert ist, geht das folgendermaßen.

- Tippen Sie in der Adresszeile oben rechts auf die Drei-Punkte-Taste.
- Tippen Sie im Ausklappmenü auf „Teilen ...".
- Nun erscheint am unteren Bildrand eine Liste mit Optionen, die davon abhängen, welche Apps Sie auf Ihrem Gerät installiert haben. Falls das

grüne WhatsApp-Symbol dort noch nicht zu sehen ist, tippen Sie auf „...". Haben Sie einmal eine Seite über WhatsApp geteilt, rückt das WhatsApp-Symbol in der Auswahl nach vorne und wird auch im Ausklappmenü direkt neben „Teilen ..." angezeigt.

- Tippen Sie auf das WhatsApp-Symbol.
- Sie wechseln nun automatisch zu WhatsApp, wo Sie einen oder mehrere Empfänger auswählen können.
- Tippen Sie auf den „Weiter"-Pfeil unten rechts.
- Tippen Sie im Textfeld neben (!) den Link, wenn Sie eine zusätzliche Nachricht übermitteln wollen, oder auf das Büroklammer-Symbol, um ein weiteres Medium anzuhängen.
- Tippen Sie auf das „Senden"-Symbol.
- Der Empfänger muss lediglich auf den Link tippen, um direkt zur von Ihnen geteilten Webseite zu kommen.

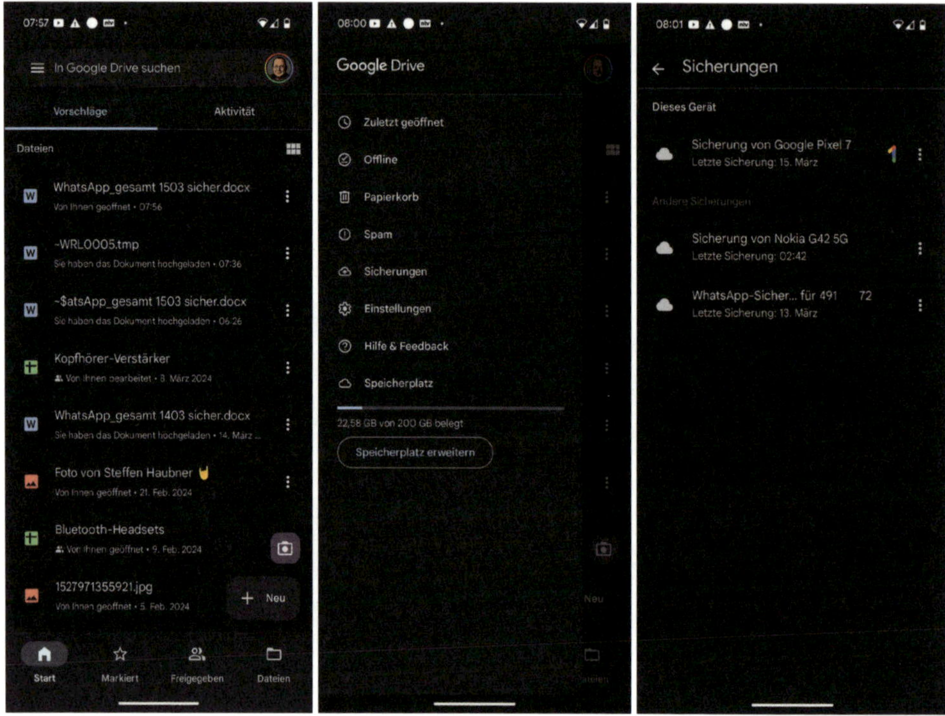

WhatsApp und Facebook & Co.

Die „Teilen"-Funktion findet sich nicht nur im Chrome-Browser und in vielen anderen Surfprogrammen, sondern unter anderem auch in Facebook. In der Facebook-App erscheint sie unterhalb von Beiträgen. Tippen Sie darauf und eine Reihe von Möglichkeiten erscheint, abhängig davon, welche Anwendungen auf Ihrem Smartphone installiert sind. Auch hier gilt: Falls das grüne WhatsApp-Symbol dort noch nicht zu sehen ist, tippen Sie auf „...". Wählen Sie einen oder mehrere Empfänger aus und tippen Sie auf das „Senden"-Symbol. Wenn hinter dem Facebook-Link, den Sie auf diese Weise verschickt haben (ob aus Facebook, Instagram, YouTube oder einer anderen App), ein Video steht, können die Empfänger es direkt in WhatsApp anschauen. Sie müssen also nicht in eine andere Anwendung wechseln. Wenn Sie selbst einen Link zu einem Video bekommen, tippen Sie auf das Vorschaubild. Das Video wird nun in einem automatisch geöffneten Fenster abgespielt, das Sie mit dem Finger frei auf dem Bildschirm verschieben können. Während Sie das Video abspielen, können Sie weiter mit dem Absender chatten, aber mit niemand anderem. Tippen Sie stattdessen auf den Link selbst, werden Sie zur jeweiligen App weitergeleitet.

Dokumente und andere Dateien versenden

Mit WhatsApp können Sie auch Dokumente und andere Dateien aller Art versenden. Unter bestimmten Umständen (so muss der Empfänger natürlich ebenfalls bei WhatsApp angemeldet sein) ist das sogar die einfachste und schnellste Art, das zu tun.

- Beginnen Sie wie gewohnt mit dem Schreiben einer Nachricht (► Seite 48).
- Tippen Sie im Texteingabefeld auf das Büroklammer-Symbol.
- Wählen Sie aus der nun angezeigten Liste die gewünschte Datei.
- Über das obere Suchfeld können Sie gezielt nach bestimmten, auf Ihrem Smartphone gespeicherten Dateien suchen.
- Unter „Dateien in anderen Apps ansehen" haben Sie Zugriff auf Dateien, die beispielsweise in einem Cloud-Speicher Google Drive, One Drive oder in einem lokalen NAS-Speicher gespeichert sind. Welche Optionen Ihnen hier angezeigt werden, hängt ganz von den Apps ab, die Sie auf Ihrem Gerät installiert haben.

iPhone. Tippen Sie links auf das Plus-Symbol neben dem Texteingabefeld und wählen Sie den gewünschten Dateityp.

TIPP. Die maximale Größer der übertragbaren Datei liegt bei 100 MB. Sie sollten aber bedenken, dass sowohl das Hoch- als auch das Herunterladen nicht unerhebliche Datenübertragungsgebühren verursachen kann, wenn Sie nicht in einem WLAN angemeldet sind.

Medien automatisch speichern

Wie WhatsApp mit Medien umgehen soll, die Sie verschicken oder empfangen, legen Sie in den „Einstellungen" im Bereich „Chats" fest. Unter „Chat-Einstellungen" können Sie die Option „Sichtbarkeit von Medien" aktivieren oder deaktivieren. Konkret heißt das: Die Medien werden auf dem Smartphone gespeichert und in der Galerie-App angezeigt. Sie können bei Bedarf auch genau festlegen, von welchen Personen bzw. Gruppen die WhatsApp-Bilder automatisch in Ihrer Galerie gespeichert werden sollen. Tippen Sie dazu im Chat mit dieser Person ganz oben auf den Namen Ihres Gesprächspartners und dann auf „Sichtbarkeit in Medien". Wenn die Medien aus diesem Chat nicht in Ihrer Galerie hinterlegt werden sollen, wählen Sie hier „Nein" aus.

TIPP. Beachten Sie, dass in der Galerie gespeicherte Medien Speicherplatz auf Ihrem Smartphone beanspruchen. Außerdem können damit auch Datenschutzfragen berührt sein, wenn Dritte, die Ihr Smartphone zufällig in die Hand bekommen, über WhatsApp ausgetauschte Medien in der Galerie sehen können.

iPhone

- **Schritt 1.** Für eine automatische Sicherung Ihrer Bilder müssen Sie zuallererst in WhatsApp die Erlaubnis dazu erteilen. Gehen Sie dafür unten rechts in Ihrer App auf „Einstellungen".
- **Schritt 2.** Wählen Sie anschließend „Chats" aus und aktivieren Sie dort den Schalter von „Sichern in ‚Aufnahmen'".
- **Schritt 3.** Sie können nun einen Ordner mit dem Namen „WhatsApp" in der „Fotos"-App Ihres iPhones finden. In diesem landen jetzt alle Bilder, die Ihnen auf WhatsApp zugesendet werden.
- **Schritt 4.** Zusätzlich können Sie für jeden Ihrer Chats festlegen, ob Sie von diesem alle empfangenen Medien oder gar keine speichern möchten. Tippen Sie hierfür einfach oben im Chat auf den Namen Ihres Gesprächspartners bzw. Ihrer Gruppe und dann auf „Sichern in ‚Aufnahmen'".
- **Schritt 5.** Ihnen werden nun drei Optionen angeboten. „Standard" orientiert sich an der Entscheidung, die Sie unter „Einstellungen" und „Sichern in ‚Aufnahmen'" getroffen haben. Bei „Immer" werden alle WhatsApp-Bilder gespeichert, die Sie in diesem Chat empfangen. Bei „Niemals" kommt es zu keiner Sicherung. Diese Funktion ist sehr praktisch, falls Sie nur die Bilder von bestimmten Chats speichern möchten.

Schalten Sie „Sichtbarkeit von Medien" für alle Kontakte aus, haben Sie immer noch die Möglichkeit, einzelne Medien manuell herunterzuladen.

- **Schritt 1.** Wenn Sie ein WhatsApp-Bild sichern möchten, das Ihnen jemand zugesendet hat, dann tippen Sie auf dieses im zugehörigen Chat. Wählen Sie als Nächstes den Drei-Punkte-Button in der rechten oberen Ecke aus.
- **Schritt 2.** Ihnen wird nun eine Reihe von Auswahlmöglichkeiten für Ihr Bild präsentiert. Gehen Sie hier auf „Teilen".
- **Schritt 3.** Suchen Sie in dem neu geöffneten Fenster nach der App „Auf Google Fotos hochladen". Ihnen wird nun Ihr Google-Konto angezeigt. Tippen Sie unten rechts auf „Hochladen".
- **Schritt 4.** Öffnen Sie die „Fotos"-App von Google. Wählen Sie hier das Foto, dann den Drei-Punkte-Button und schlussendlich die Option „Herunterladen" aus. Das WhatsApp-Bild sollte nun in Ihrer Galerie zu sehen und gespeichert sein.

iPhone

- **Schritt 1.** Wenn Ihnen ein bestimmtes WhatsApp-Bild in einem Chat vorliegt, das Sie auf Ihrem Gerät speichern möchten, dann tippen Sie dieses zunächst an.
- **Schritt 2.** Als Nächstes wird Ihnen das Bild vergrößert auf Ihrem Display angezeigt. Wählen Sie das „Teilen"-Symbol unten links aus.
- **Schritt 3.** Ein neues Fenster präsentiert Ihnen nun fünf verschiedene Optionen. Tippen Sie „Sichern" an, und das Bild wird auf Ihrem iPhone in der „Fotos"-App gespeichert.

Sobald Ihre WhatsApp-Bilder auf Ihrem Smartphone gespeichert sind, haben Sie die Möglichkeit, diese zu bearbeiten oder auszudrucken. Sie können aber auch Ihre Fotos dauerhaft sichern, indem Sie sich Speichermedien wie z. B. Cloud-Speicher, Speicherkarten, externe Festplatten oder die interne Ihres PCs oder Laptops zu Nutze machen.

Statusvideo speichern. https://www.ionos.de/digitalguide/online-marketing/social-media/whatsapp-status-videos-speichern/

Standort teilen

Diese Funktion gehört zu den praktischsten von WhatsApp. Sie eignet sich dazu, einander im größten Gewühl zu finden, wie auch dazu, regelmäßig die eigene Position zu übermitteln, zum Beispiel wenn man auf einem unübersichtlichen Flughafen landet oder in der Dämmerung noch eine Runde joggen gehen will, ohne dass die anderen Familienmitglieder sich Sorgen machen müssen.

Das Ganze hat zwei Voraussetzungen: Ihr Smartphone muss mit GPS ausgestattet sein und Sie müssen WhatsApp Zugriff auf Ihre Standortdaten gewähren. Letzteres wird beim ersten Gebrauch der Funktion automatisch abgefragt. Alles Weitere zu den Berechtigungen, die Sie WhatsApp erteilen oder nicht erteilen, finden Sie ab ► Seite 17ff. Und so funktioniert's:

- Beginnen Sie so, als würden Sie eine ganz normale Nachricht schreiben, also indem Sie unter „Chats" einen oder mehrere Kontakte oder eine Gruppe auswählen.
- Tippen Sie dann auf das Büroklammer-Symbol und auf „Standort".
- Falls Sie die Funktion zum ersten Mal nutzen, müssen Sie WhatsApp nun erlauben, Ihre Standortdaten zu erfassen. Es empfiehlt sich hier, die metergenaue Erfassung zuzulassen, damit Sie auch gefunden werden können. Haben Sie Bedenken bezüglich des Datenschutzes, gewähren Sie den Zugriff nur für die einmalige Nutzung. Beim nächsten Mal müssen Sie diesen Schritt dann allerdings wiederholen.
- Nun erscheint eine Google-Maps-Karte mit Ihrem aktuellen Standort und Sie haben mehrere Optionen:
  - **„Live-Standort teilen"** bedeutet, dass Sie Ihren Standort mit den Teilnehmern des ausgewählten Einzel- oder Gruppenchats teilen, und zwar für 15 Minuten, 1 Stunde oder 8 Stunden. Optional können Sie auch noch einen Kommentar hinzufügen. Ihr Standort erscheint dann auf einer Mini-Karte innerhalb des Chats. Tippt einer der anderen Teilnehmer auf „Live-Standort ansehen", wird der Standort aktualisiert. Die Übertragung endet nach Ablauf des gewählten Zeitraums oder sobald Sie auf „Teilen beenden" tippen.

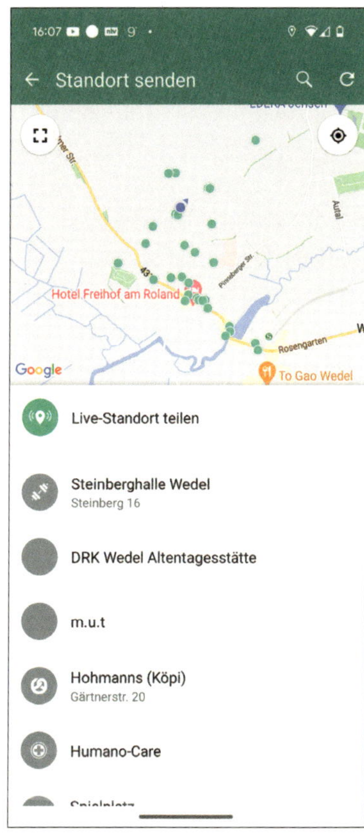

- Mit **„Aktuellen Standort senden"** teilen Sie einmalig Ihre aktuelle Position. Sobald Sie sich weiterbewegen, verschwinden Sie wieder vom „Radar" – ganz so wie in dem bekannten Brettspiel „Mister X".
- Wählen Sie dagegen einen anderen der **„Orte in der Nähe"**, die automatisch ermittelt werden, wird nur dieser Ort im Chat angezeigt. Diese Option eignet sich beispielsweise gut für Verabredungen.

INFO. Alle mit der Standortübermittlung übertragenen Daten unterliegen der bei WhatsApp üblichen Ende-zu-Ende-Verschlüsselung, können also nicht von anderen mitgelesen werden. Denken Sie aber auch hier daran, dass Ihnen bei der Übermittlung jemand über die Schulter schauen könnte.

iPhone. WhatsApp macht hier prinzipiell keinen Unterschied. Sie können Ihren Standort also problemlos von einem Android-Telefon mit einem iPhone teilen (und umgekehrt). Allerdings wird der Standort auf dem iPhone mittels der Karten-App angezeigt, nicht mittels Google Maps.

Sprachnachrichten

Sprachnachrichten sind eine praktische Art der Kommunikation, die sich zwischen Telefonieren und geschriebenen Botschaften einreiht. Besonders Menschen, die sich mit dem Tippen oder Lesen auf dem kleinen Handyschirm schwertun, bevorzugen diese Art, sich mitzuteilen. Mit WhatsApp können Sie gesprochene Botschaften verschicken – mit oder ohne Bild.

Sprachnachrichten aufnehmen, senden und löschen

Wie eine geschriebene Botschaft beginnen Sie Ihre Sprachnachricht im Bereich „Chats".

- Tippen Sie auf einen bereits begonnenen Chat mit der Zielperson (oder einer Gruppe) oder unten rechts auf das „Nachricht verfassen"-Symbol und auf einen Kontakt.
- Tippen Sie auf das Mikrofon-Symbol unten rechts und halten Sie es fest.
- Sprechen Sie in das Mikrofon Ihres Handys oder Headsets. Die Aufnahme dauert so lange, wie Sie das Symbol festhalten. Sobald Sie es loslassen, wird die Sprachnachricht automatisch gesendet.
- Die Sprachnachricht wird direkt in den Chats des Empfängers (oder der Gruppe) angezeigt und kann durch einfaches Antippen abgespielt werden. Neben der Uhrzeit der Aufnahme wird auch deren Dauer angezeigt.

Sprachnachrichten – aber richtig

- Überlegen Sie sich vorher, was Sie sagen möchten. Denn, wie oben ausgeführt, eine aufgenommene Sprachnachricht wird sofort nach dem Einsprechen gesendet, sodass Sie keine Möglichkeit mehr für Korrekturen haben.
- Halten Sie Ihre Sprachnachrichten kurz und knapp. Sie wissen nicht, wie viel Zeit der Empfänger gerade hat. Vielleicht hört er die Nachricht kurz vor dem Weg zur Arbeit ab. Lange Sprachnachrichten sollten eine Ausnahme sein, denn im Alltag nerven sie nur.
- Sagen Sie gleich als Erstes, worum es geht. Wie eine aussagekräftige E-Mail-Betreffzeile erleichtert das wirklich vieles.
- Denken Sie immer daran, dass Umgebungsgeräusche mit aufgezeichnet werden, und suchen Sie sich wenn möglich ein ruhiges Plätzchen.
- Halten Sie beim Aufnehmen und Abhören von Sprachnachrichten das Telefon ganz normal ans Ohr. Es gibt bei modernen Smartphones, die so gut wie immer einen Annäherungssensor besitzen, keinen Grund, das Smartphone waagrecht zu halten. Das erschwert eher die Verständigung, sorgt dafür, dass andere mithören können, und sieht noch dazu ziemlich albern aus.
- Wenn Sie viel über Sprachnachrichten kommunizieren, sollten Sie darüber nachdenken, sich ein Bluetooth-Headset anzuschaffen. Damit haben Sie die Hände frei und können – sofern das Modell dies unterstützt – die Geräuschunterdrückung aktivieren, was für bessere Verständlichkeit sorgt.

- Um eine empfangene Sprachnachricht zu löschen, tippen Sie etwas länger darauf, bis sie blau unterlegt ist, und tippen dann in der Funktionsleiste oben am Bildschirmrand auf das Mülleimer-Symbol.

TIPP. Wenn Sie das Mikrofon-Symbol nicht festhalten möchten, schieben Sie es mit dem Finger etwas nach oben. Sie können nun frei und ohne Finger auf dem Display sprechen. Um die Sprachnachricht zu beenden und abzuschicken, tippen Sie wie bei einer Textnachricht auf den weißen Pfeil auf grünem Grund.

Sprachnachricht abbrechen

Wie erwähnt wird die Sprachnachricht sofort abgeschickt, sobald Sie das Mikrofon-Symbol loslassen. Solange Sie den Finger darauf halten, können Sie die Nachricht aber verwerfen. Ziehen Sie das Mikrofon-Symbol dazu nach links, ohne es loszulassen. Sobald das Mistkübel-Symbol erscheint, können Sie das Symbol loslassen, und die Nachricht wird gelöscht.

Anruflinks erstellen und teilen

Erstellen und teilen Sie einen WhatsApp-Anruflink, sodass alle mit einem WhatsApp-Konto über diesen Link Ihrem Anruf beitreten können. Sie können ihn einer Person oder einer Gruppe auf WhatsApp senden oder den Link kopieren und anderweitig teilen.Jedes Mal, wenn Sie einen Anruflink erstellen, ist es eine andere sichere URL, damit niemand Ihre Anruflinks erraten kann. Anruflinks sind von Ende zu Ende verschlüsselt. Anruflinks können ganz einfach generiert werden und werden derzeit auf mobilen Android-Geräten und iPhones unterstützt.

- Tippen Sie auf den Anrufe-Reiter.
- Tippen Sie auf „Anruflink erstellen".
- Wählen Sie aus, ob Sie einen Sprach- oder einen Videoanruf führen möchten.
- Tippen Sie auf „Link kopieren", „Link über WhatsApp senden", um ihn in WhatsApp zu teilen, oder auf „Link teilen", um ihn über eine andere App zu teilen.

GUT ZU WISSEN.

- Alle können Ihrem Anruf über diesen Anruflink beitreten. Teilen Sie ihn also nur mit Personen, denen Sie vertrauen.
- Blockierte Kontakte können Ihren Anruflink nicht verwenden.
- Die Links verlieren ihre Gültigkeit, wenn sie 30 Tage lang nicht verwendet wurden.
- Links können von WhatsApp aus Datenschutz- und Sicherheitsgründen widerrufen werden.
- Für geplante Anrufe können keine Anruflinks erstellt werden

Person aus einem Anruf entfernen oder blockieren

Die Person, die den Anruflink erstellt hat, kann andere entfernen oder entfernen und blockieren. So entfernen Sie eine Person aus einem Anruf:

- Halten Sie bei einem aktiven Anruf den Namen oder die Telefonnummer der Person lange gedrückt.
- Wählen Sie die Option „[Name der Person oder Telefonnummer] entfernen" aus.
- Wählen Sie „Entfernen" oder „Entfernen und blockieren".

HINWEIS. Entfernte Personen sehen folgende Meldung: „[Name oder Telefonnummer] hat dich aus dem Anruf entfernt." Wenn ein entfernter oder blockierter Kontakt versucht, dem Anruf erneut beizutreten, wird ihm die Meldung „Verbindung fehlgeschlagen" angezeigt und er kann dem Anruf nicht beitreten.

Gruppen-Sprachanrufe tätigen

An WhatsApp-Gruppen-Sprachanrufen können bis zu 256 Personen teilnehmen. Sprachanrufe verwenden die Internetverbindung Ihres Telefons und nicht die Sprachminuten Ihres Vertrags. Möglicherweise fallen Datennutzungsgebühren an.

Gruppenanruf bekommen

Wenn Sie einen Gruppen-Sprachanruf erhalten, sind auf dem angezeigten Bildschirm die Personen zu sehen, die an dem Anruf teilnehmen.

Der erste Kontakt in der Liste ist dabei die Person, die Sie hinzugefügt hat. Die Anrufliste für Gruppen-Sprachanrufe wird auf dem Anrufe-Reiter angezeigt.

Sie können auf die Anrufliste tippen, um sich die Personen anzusehen, die an diesem Anruf teilnehmen. Sie können außerdem verpassten Anrufen beitreten, wenn diese noch laufen.

Gruppen-Sprachanruf von einem Gruppenchat aus tätigen

- Öffnen Sie den Gruppenchat, mit dessen Kontakten Sie einen Sprachanruf führen möchten.
- Wenn an Ihrem Gruppenchat 33 oder mehr Personen teilnehmen, tippen Sie auf „Sprachchat". Tippen Sie dann auf „Sprachchat starten".
- Wenn an Ihrem Gruppenchat 32 Personen oder weniger teilnehmen, tippen Sie auf „groupvoicecall". Tippen Sie dann auf „Gruppe anrufen".

HINWEIS. Nur Gruppenmitglieder können an Gruppenanrufen teilnehmen.

Gruppen-Sprachanruf von einem Einzelchat aus tätigen

- Öffnen Sie den Einzelchat mit einem der Kontakte, die Sie anrufen möchten.
- Tippen Sie auf „groupvoicecall".
- Nachdem der Kontakt den Anruf angenommen hat, tippen Sie auf „open menu > Person hinzufügen".
- Suchen Sie nach einem weiteren Kontakt, den Sie dem Anruf hinzufügen möchten, und tippen dann auf „Hinzufügen".
- Tippen Sie auf „Person hinzufügen", wenn Sie weitere Kontakte hinzufügen möchten.

Eingehendem Gruppen-Sprachanruf beitreten

Wenn jemand Sie einlädt, einem Gruppen-Sprachanruf beizutreten, erhalten Sie eine Benachrichtigung.

Wenn Sie dem Anruf nicht beitreten möchten, tippen Sie auf „Ignorieren". Um den Bildschirm „Anruf-Info" zu öffnen, tippen Sie auf die Benachrichtigung zum eingehenden Anruf. Auf dem „Anruf-Info"-Bildschirm sehen Sie, wer an dem Anruf teilnimmt und wer darüber hinaus eingeladen ist.

- Tippen Sie auf „Beitreten", um dem Anruf beizutreten.
- Während des Anrufs können Sie auf „open menu" tippen, um den Bildschirm „Anruf-Info" aufzurufen.
- Tippen Sie auf „Person hinzufügen", um dem Anruf weitere Kontakte hinzuzufügen.
- Tippen Sie auf „Anklingeln", um den bereits eingeladenen Personen eine Mitteilung zu senden.

Verpasstem Gruppen-Sprachanruf beitreten

- Sie öffnen WhatsApp und tippen dann auf den Anrufe-Reiter.
- Wenn der Anruf von einem Gruppenchat ausging, können Sie beitreten, indem Sie den Chat öffnen und auf „Beitreten" tippen.
- Wenn der Anruf noch läuft, tippen Sie darauf, wenn Sie ihm beitreten möchten. Daraufhin wird der Bildschirm „Anruf-Info" geöffnet.
- Tippen Sie im Anrufmenü auf „Beitreten".

Jemanden stummschalten

Sie können andere Personen in einem Gruppenanruf stummschalten. Halten Sie dafür den Namen der jeweiligen Person gedrückt. Wählen Sie dann „Stummschalten" aus. Die Person kann ihre Stummschaltung jederzeit selbst aufheben, indem sie auf das Mikrofon tippt. Sie können jeder Person in einem Gruppenanruf direkt eine Nachricht senden, indem Sie die entsprechende Kachel gedrückt halten.

Tipps für Gruppen-Sprachanrufe

- Stellen Sie sicher, dass Sie die neueste Version von WhatsApp verwenden. Falls Ihr Anruf nicht funktioniert, verwendet die andere Person möglicherweise ein älteres Betriebssystem oder eine ältere WhatsApp-Version.
- Sie können nicht von einem Gruppen-Sprachanruf zu einem Videoanruf wechseln.
- Sie können eine Person nur dreimal stummschalten.
- Um Daten zu sparen, tätigen und nehmen Sie Anrufe nur dann an, wenn Sie mit einem WLAN verbunden sind. Sie können auch die Option „Weniger Daten für Anrufe verwenden" in WhatsApp unter „Einstellungen" > „Speicher und Daten" aktivieren oder deaktivieren.
- Sie können außerdem während eines laufenden Gruppen-Sprachanrufs keinen Kontakt entfernen. Dazu muss der Kontakt erst auflegen, um die Verbindung zu trennen.
- Sie können Gruppen-Sprachanrufe auch mit blockierten Kontakten führen. Jedoch können Sie dem Anruf keine Person hinzufügen, die Sie blockiert haben oder die Sie blockiert hat. Ignorieren oder lehnen Sie den Anruf ab, wenn Sie nicht mit einem blockierten Kontakt verbunden werden möchten.
- Sie können über WhatsApp keine Notrufnummern wählen (z. B. 112 Euronotruf).

Sprecht miteinander!
Kommunikation in Gruppen

Eine der praktischsten Funktionen ist die gleichzeitige Kommunikation mit mehreren Personen. Dazu bildet man in WhatsApp Gruppen, die sich beliebig erweitern oder bei Bedarf auch wieder verkleinern lassen. Das kann etwa eine

Familiengruppe zum privaten Austausch, ein Arbeitsteam, die Mitglieder eines Vereins oder eine Reisegemeinschaft sein. Auch bei kürzeren Unternehmungen ist es praktisch, alle Teilnehmer zu einer Gruppe zusammenzufügen, um sich beispielsweise bei einer Reise oder einem Theaterbesuch kurzfristig auszutauschen, Treffpunkte zu vereinbaren oder den Standort zu teilen (► Seite 82).

Gleichzeitig muss man dazu sagen, dass bei der Kommunikation über Gruppen besondere Vorsicht geboten ist. Man sollte sich immer vergegenwärtigen, dass jede einzelne Äußerung von mehreren Menschen gelesen werden kann, unter Umständen auch von Personen, die man kaum oder gar nicht kennt und von denen man nicht weiß, wie vertraulich sie eine Information behandeln oder von welchen Äußerungen sie sich persönlich verletzt fühlen könnten. Zu beachten ist außerdem, dass sich Personen ausgeschlossen fühlen könnten, wenn sie nach ihrer Meinung zu Unrecht nicht zu einer Gruppe eingeladen werden. Man sollte daher ganz besonders in Gruppen jederzeit auf einen angemessenen Ton und Datenschutzbelange achten.

Darüber hinaus ist es aus genannten Gründen besonders wichtig, die Funktionsweise von WhatsApp-Gruppen zu verstehen und ihre Funktionen zu kennen. Alles, was Sie darüber wissen sollten, erfahren Sie auf den folgenden Seiten.

Eine neue Gruppe starten

Ein Gruppenchat beginnt genauso wie ein Einzelchat.

- Tippen Sie unter „Chats" auf das Symbol für „Neue Nachricht". Nun wählen Sie statt eines einzelnen Kontakts die Option „Neue Gruppe". Wählen Sie alle Kontakte aus, die zu der neuen Gruppe gehören sollen.

INFO. Sie müssen mindestens einen Kontakt auswählen, um eine Gruppe zu starten (die dann nur aus zwei Mitgliedern besteht). Eine Gruppe kann aus bis zu 1.024 Mitglieder bestehen.

TIPP. Sie können über die Lupe oben rechts gezielt nach Kontakten suchen, wenn Sie nicht die ganze Liste durchsuchen wollen.

- Tragen alle Kontakte, aus denen die Gruppe bestehen soll, ein grünes Häkchen, tippen Sie auf den Pfeil unten rechts.
- Sie können nun einen Gruppennamen eingeben, ein Emoji auswählen oder das Namensfeld einfach leer lassen. Es empfiehlt sich allerdings, einen eindeutigen Namen zu vergeben, damit Sie die Gruppe bei Bedarf schnell wiederfinden, ihr Zweck klar ersichtlich ist und Verwechslungen möglichst ausgeschlossen sind. Schließlich ist nichts peinlicher, als wenn Sie eine Nachricht, die für jemand anderen bestimmt ist, versehentlich an die falsche Gruppe senden. Da der Gruppenname bei allen Mitgliedern erscheint, sollten Sie ihn so wählen, dass er für alle aussagekräftig ist. Bis zu 25 Zeichen stehen Ihnen dafür zur Verfügung.

WICHTIG. Unangemessene Gruppennamen, die zu anzüglich oder rassistisch sind, Gewalt verherrlichen oder auf illegale Aktivitäten aller Art verweisen, können WhatsApp dazu veranlassen, die Konten aller Gruppenmitglieder zu sperren!

- Tippen Sie auf das Kamera-Symbol, um ein Profibild für die neue Gruppe auszuwählen.
- Sie können nun noch festlegen, ob in der Gruppe selbstlöschende Nachrichten Standard sein sollen.
- Tippen Sie auf das Häkchen unten rechts, um die Erstellung der Gruppe abzuschließen.

Gruppen bearbeiten

Zusammenstellung, Name und Aussehen der Gruppe sind nicht in Stein gemeißelt, sondern können jederzeit verändert werden. Öffnen Sie dazu die Gruppe, indem Sie unter „Chats" darauf tippen. Tippen Sie dann oben auf den Gruppennamen oder alternativ auf die Menü-Taste (drei Punkte oben rechts) und dann auf Gruppeninfo.

- **Gruppenbeschreibung.** Über „Gruppenbeschreibung hinzufügen" können Sie kurz den Sinn und Zweck der Gruppe beschreiben.

- **Mitglieder hinzufügen.** Blättern Sie etwas nach unten und tippen Sie auf „Mitglieder hinzufügen", um weitere Kontakte in Ihre Gruppe aufzunehmen. Das kann nur der „Gruppenadministrator", also der Gründer der Gruppe.
- **Mit Link einladen.** Die zweite Möglichkeit, Mitglieder hinzuzufügen, ist die Option „Mit Link einladen". Damit wird ein Link erzeugt, den Sie auf der automatisch geöffneten Seite „Einladungslink" mittels der Option „Link teilen" per E-Mail oder auf anderem Wege verschicken können. Der Empfänger kann der Gruppe beitreten, indem er auf den Link klickt. Das funktioniert so lange, bis Sie unter „Einladungslink" auf „Link zurücksetzen" tippen.
- **Admins hinzufügen.** In der gleichen Ansicht sehen Sie alle derzeit in der Gruppe befindlichen Kontakte. Tippen Sie auf einen davon und halten Sie den Finger länger auf dem Eintrag. Nun erscheint ein Menü, über das Sie die betreffende Person zum Gruppenadmin machen können. Sie kann damit die gleichen Veränderungen vornehmen wie der Gründer, also etwa Mitglieder hinzufügen oder aus der Gruppe ausschließen.
- **Mitglieder ausschließen.** Auch hierfür halten Sie den Finger etwas länger auf dem betreffenden Kontakt und wählen dann „(Name) entfernen".

INFO. Wenn Sie Mitglieder ausschließen oder sie von sich aus die Gruppe verlassen, finden Sie sie weiterhin unter „Ehemalige Mitglieder". Sobald Sie selbst die Gruppe verlassen, sehen Sie zwar noch ältere Gruppenchats, werden aber von allen neuen ausgeschlossen und können diese auch nicht sehen. Sind Sie ein Admin der Gruppe, verlieren Sie mit dem Verlassen der Gruppe auch die Möglichkeit, Änderungen an der Gruppe vorzunehmen.

Gruppen löschen

Sie können eine Gruppe erst dann löschen, wenn sie keine anderen Mitglieder mehr enthält. Tippen Sie unter „Chats" auf den Gruppenchat, halten Sie den Finger etwas länger darauf und tippen Sie dann oben auf das Mistkübel-Symbol.

Tipps für Gruppen

So laden Sie viele Personen zu einer Gruppe ein (QR-Code). Wenn Sie viele Personen gleichzeitig ansprechen oder die Kommunikation zwischen ihnen ermöglichen möchten, müssen Sie nicht unbedingt jeden Einzelnen mühsam der Gruppe hinzufügen. Das ist beispielsweise praktisch für Veranstaltungen oder große Reisegruppen. Gehen Sie in die Gruppeninfos (Gruppe öffnen und oben auf den Namen tippen), blättern Sie etwas nach unten und tippen Sie auf „Mit Link einladen". Tippen Sie dann auf „QR-Code". Nun kann jeder der Gruppe beitreten, indem er den Code mit der Handykamera scannt. Tippen Sie oben auf das „Teilen"-Symbol, um den QR-Code über beliebige Apps, die sich auf Ihrem Smartphone befinden, weiterzuleiten. Sie können ihn beispielsweise auch ausdrucken, um ihn auf der Veranstaltung öffentlich auszuhängen. Jeder, der den Code scannt, kann ohne weitere Aktionen der Gruppe beitreten. Erst wenn Sie oben rechts neben dem „Teilen"-Symbol auf die drei Punkte und dann auf „QR-Code zurücksetzen" tippen, können darüber keine neuen Mitglieder mehr hinzugefügt werden.

So verhindern Sie, dass Sie zu Gruppen hinzugefügt werden. Möchten Sie nicht ohne Ihr Zutun Gruppen hinzugefügt werden, gehen Sie in die Einstellungen (drei Punkte oben rechts in der Hauptansicht), dann auf „Datenschutz" und „Gruppen". Tippen Sie auf „Meine Kontakte", damit Sie nicht mehr von Fremden zu Gruppen hinzugefügt werden können. Tippen Sie auf „Meine Kontakte außer ..." und wählen dann einen oder mehrere Kontakte aus, um zu verhindern, dass die betreffenden Personen Sie zu Gruppen hinzufügen können.

Nachrichten schreiben und verwalten in Gruppen

Nachricht schreiben

Zunächst einmal unterscheidet das Schreiben von Nachrichten in Gruppen sich nicht allzu sehr vom Verfassen von anderen Nachrichten (► Seite 48) – vornehmlich dadurch, dass Gruppennachrichten sich nicht nur an einen (wenn die Gruppe, was prinzipiell möglich ist, nur aus zwei Personen besteht), sondern auch an mehrere Empfänger richten können. Tippen Sie in „Chats" auf eine Gruppe und dann auf das „Neue Nachricht"-Symbol. Klicken Sie dann auf den „Senden"-Pfeil. Auch das Versenden von Fotos, Dokumenten etc. unterscheidet sich nicht von der Kommunikation mit nur einem Empfänger.

Person erwähnen. Mitunter möchten Sie eine Nachricht an alle Gruppenmitglieder schreiben, aber eine oder mehrere Personen explizit ansprechen. In diesem Fall tippen Sie auf das @-Zeichen auf der Tastatur. Nun erscheint die Liste mit allen Ihren Kontakten, aus denen Sie die betreffenden Personen auswählen können. Diese Person wird dann zusätzlich über einen Signalton und eine Benachrichtigung in der Benachrichtigungsleiste informiert. Der Signalton ertönt übrigens auch dann, wenn die erwähnte Person die Gruppenbenachrichtigungen stummgeschaltet hat.

Nachricht zitieren. In Gruppenchats wird es schnell unübersichtlich. Wenn Sie sicherstellen wollen, dass klar ist, auf welchen Beitrag Sie sich beziehen, zitieren Sie diesen direkt. Tippen Sie dazu auf den betreffenden Beitrag und halten Sie den Finger kurz darauf. Tippen Sie dann auf den nach links zeigenden Pfeil in der oberen Funktionsleiste. Nun können Sie Ihren Text eingeben und die Nachricht samt Zitat an die Gruppe schicken. Auf dem iPhone tippen Sie auf den betreffenden Beitrag, halten den Finger kurz darauf und tippen dann auf „Antwort".

Nachricht direkt beantworten. Möchten Sie einem Gruppenmitglied direkt auf einen Beitrag antworten, ohne dass die ganze Gruppe dies mitbekommt, tippen Sie auf den betreffenden Beitrag, halten Sie den Finger kurz darauf, tippen auf das Menü-Symbol ganz rechts oben und wählen Sie „Nachricht an (Name)".

Nachrichten weiterleiten. Um eine Nachricht weiterzuleiten, tippen Sie auf den Beitrag, halten Sie den Finger kurz darauf. Bei Bedarf können Sie nun auch weitere Nachrichten durch kurzes Antippen auswählen.Tippen Sie dann auf den nach rechts zeigenden Pfeil in der oberen Funktionsleiste. Wählen Sie einen oder mehrere Kontakte aus der Liste aus und tippen Sie auf den „Senden"-Pfeil. Weitergeleitete Nachrichten kommen bei den Empfängern mit dem Hinweis „Weitergeleitet" an.

INFO. Da die Weiterleiten-Funktion häufig für Werbung oder Falschmeldungen missbraucht wird, hat WhatsApp die Anzahl der für die Weiterleitung auswählbaren Empfänger auf fünf begrenzt. Inhalte, die bereits besonders oft weitergeleitet worden sind, tragen neben dem Vermerk „Weitergeleitet" einen Doppelpfeil. Solche Inhalte können nur an eine einzige Person weitergeleitet werden.

Nachrichteninfo abrufen. Wer hat die Nachricht gelesen und wer nicht? Bei Einzelchats erkennen Sie an den blauen Häkchen, ob der Empfänger von Ihrer Botschaft Notiz genommen, aber, warum auch immer, noch nicht geantwortet hat (► Seite 58ff). Bei Gruppennachrichten helfen die Häkchen da nur bedingt weiter, denn sie erscheinen nur, wenn auch der Letzte einen Blick auf Ihren Beitrag geworfen hat – und das kann erfahrungsgemäß dauern. Eine Lösung für das Problem bietet die „Nachrichteninfo". Tippen Sie auf eine Nachricht und halten Sie den Finger etwas länger darauf. In der nun erscheinenden Funktionsleiste am oberen Bildrand tippen Sie auf das Info-Symbol. Nun zeigt Ihnen eine Liste, wer Ihre Nachricht vor wie vielen Minuten gelesen hat. In einer zweiten Liste darunter sind die Nachzügler verzeichnet, die offenbar noch nicht dazu gekommen sind. Mit „Ausstehend" werden all jene gekennzeichnet, die Ihre Nachricht noch nicht einmal bekommen haben, etwa weil ihr Smartphone ausgeschaltet ist. Ja, das soll bei manchen Menschen ab und zu tatsächlich noch vorkommen.

HINWEIS. Die Nachrichteninfo können Sie nur für Nachrichten einsehen, die Sie selbst verschickt haben.

Gruppen stummschalten. „Bitte alle mal für eine Weile Ruhe geben!" Wie gerne würde man das ab und an ausrufen. Wenn Gruppen mit allzu mitteilungsfreudigen Mitgliedern nerven, tippen Sie oben rechts auf den Menü-Button und dort auf „Benachr. stummschalten". Legen Sie fest, ob das für acht Stunden, eine Woche oder für immer gelten soll. Um die Stummschaltung aufzuheben, gehen Sie in der Gruppe wieder ins Menü und wählen Sie „Stumm für Benachrichtigungen aus".

WICHTIG. Andere Gruppenmitglieder können nicht sehen, wenn Sie die Gruppe stummgeschaltet haben. Aber Sie werden benachrichtigt, sobald Sie jemand erwähnt.

Auf dem iPhone werden Gruppen auf der Gruppeninfoseite stummgeschaltet. Tippen Sie im Gruppenchat oben auf den Gruppennamen, um dorthin zu gelangen.

Nachrichten löschen. Tippen Sie auf die betreffende Nachricht, halten Sie den Finger länger darauf und tippen Sie dann oben in der Funktionsleiste auf das Mülleimer-Symbol. Sie können die Nachricht wahlweise für sich selbst oder für alle löschen. Natürlich funktioniert das nur bei Ihren eigenen Nachrichten. Die anderen Gruppenmitglieder können danach sehen, dass eine Nachricht gelöscht wurde.

TIPP. Gruppenadmins können auch Nachrichten und Medien löschen, die von anderen geteilt wurden.

Gruppenmedien

Als „Gruppenmedien" werden alle Bilder, Videos und Dokumente bezeichnet, die in einer Gruppe geteilt wurden. Tippen Sie oben auf den Gruppennamen, um die Gruppenseite anzuzeigen. Unter „Medien, Doks und Links" gelangen Sie zu allen Inhalten, die in und mit der Gruppe geteilt wurden. Alternativ tippen Sie ganz rechts in der Leiste mit dem Gruppennamen auf den Menü-Button (drei Punkte) und dann auf „Gruppenmedien". Sie können nun oben im Funktionsmenü

- auf den Stern tippen, um ein Bild oder ein anderes Medium als Favoriten zu speichern.
- auf den nach rechts zeigenden Pfeil tippen, um den Inhalt mit einem anderen Kontakt zu teilen.
- auf den Menü-Button tippen, um weitere Optionen anzuzeigen. Sie können das Medium nun unter anderem bearbeiten, sich die Stelle im Chat zeigen lassen, wo es geteilt wurde („In Chat zeigen"), es auf Ihrem Smartphone speichern, es als Profilbild oder Gruppenbild festlegen, es drehen oder löschen.
- All das können Sie auch dann tun, wenn Sie innerhalb eines Chats auf ein geteiltes Medium tippen, den Finger kurz darauf halten und dann oben auf den Menü-Button tippen.

TIPP. Wenn Sie Bilder, die von anderen Gruppenmitgliedern geteilt wurden, auf Ihrem Smartphone speichern, können Sie sie auch dann behalten, wenn Sie vom Versender gelöscht werden.

Wie bei Textnachrichten können Sie auch bei anderen Inhalten die Nachrichteninfo abrufen (► Seite 95), um zu sehen, wer den Inhalt gesehen hat. Auch hier funktioniert das nur bei Inhalten, die Sie selbst geteilt haben.

Eine Gruppe verlassen

Zweifellos eine der wichtigsten Funktionen bei WhatsApp. Schließlich ist keine Gruppe so schön, dass man sie nicht irgendwann wieder verlassen möchte. Zum Glück brauchen Sie dazu auch keine Erlaubnis eines Administrators. Tippen Sie im Gruppenchat oben auf den Gruppennamen. Blättern Sie ganz nach unten auf „Gruppe verlassen". Das müssen Sie nun noch einmal bestätigen und Sie sind frei!

TIPP. Nur die Gruppenadmins erfahren, dass Sie die Gruppe verlassen haben. Die anderen werden es allerdings vermutlich irgendwann merken. Es sei denn, Sie haben sowieso nie etwas zur Gruppenkommunikation beigetragen.

Besonderheiten auf dem iPhone

Auch beim iPhone finden Sie die Gruppen im Bereich „Chats". Öffnen Sie einen Chat und tippen Sie oben auf die Leiste mit dem Gruppennamen, um die Gruppeninfo zu öffnen. Diese ist sehr ähnlich aufgebaut wie bei der Android-Version. Die Schaltfläche zum Hinzufügen von Person fehlt allerdings. Scrollen Sie etwas nach unten (Wischgeste von unten nach oben). Tippen Sie dann auf „Mitglieder hinzufügen", wenn die betreffende Person bereits in Ihren Kontakten ist, oder mit Link zu einer Gruppe einladen, wenn Sie die Person über QR-Code (► Seite 92) einladen oder einen Link senden wollen.

Auf dem iPhone wird das potenzielle neue Gruppenmitglied über den Sperrbildschirm informiert (falls das auf dem Gerät entsprechend eingestellt ist). Tippt die eingeladene Person auf „Gruppe beitreten", wird sie der Gruppe hinzugefügt.

Ganz unten in der Gruppeninfo finden Sie die Option „Chat exportieren". Damit können Sie einen kompletten Chat – mit oder ohne den darin enthaltenen

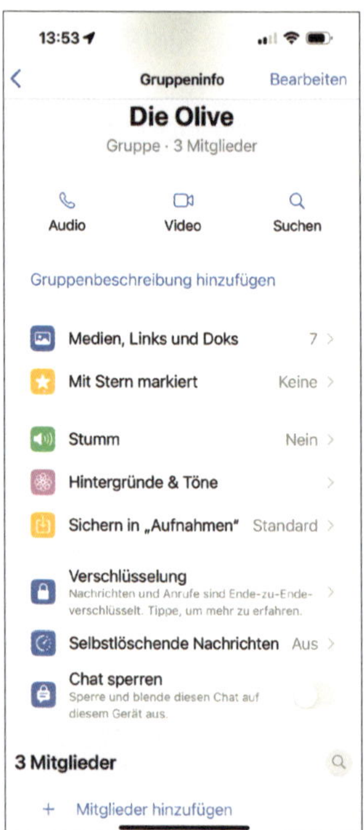

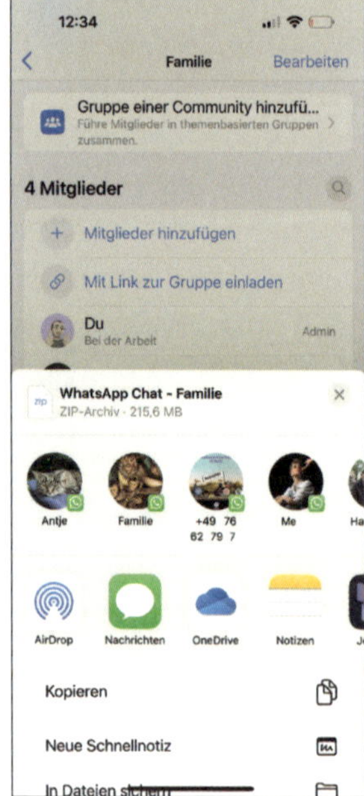

Medien – sichern. Nach dem Antippen erscheint eine Liste mit Kontakten und Apps, an die Sie das Backup des Chats schicken können. Welche das genau sind, hängt natürlich von Ihren Kontakten und den auf Ihrem iPhone installierten Apps ab. Haben Sie einen Online-Speicher wie OneDrive, können Sie das Backup dorthin senden. Die Daten werden platzsparend komprimiert und als .zip-Datei abgelegt, damit Sie sie beispielsweis auch gut per Mail verschicken können. Der Empfänger kann sie herunterladen einfach mit einem Doppelklick öffnen.

GUT ZU WISSEN. Denken Sie daran, dass Gruppenchats vertrauliche Unterhaltungen und vom Urheberrecht geschützt Bilder enthalten können, die Sie nur mit Vertrauenspersonen teilen sollten!

Was sind „Broadcast-Nachrichten"?

Manchmal möchte man eine Nachricht an viele Personen senden, ohne deshalb gleich eine Gruppe gründen zu müssen. Für diese Fälle sind die etwas großspurig betitelten „Broadcast-Nachrichten" gedacht. Das Prinzip geht so: Sie erstellen eine Broadcast-Liste, die nur Sie selbst sehen können. Für jeden Empfänger sieht es so aus, als sei es eine Einzelnachricht. Er kann die anderen Empfänger weder sehen noch sie kontaktieren.

- Tippen Sie unter „Chats" auf die drei Punkte oben rechts und wählen Sie „Neuer Broadcast".
- Nun wählen Sie alle Kontakte aus, die zu der Liste gehören sollen. Anschließend tippen Sie auf das grüne Häkchen unten rechts.
- Tippen Sie dann oben auf den grünen Balken mit dem Standardeintrag „Unbenannte Liste". Auf der Infoseite sehen Sie alle bereits aufgenommenen Empfänger und können weitere hinzufügen. Tippen Sie dazu auf die drei Punkte oben rechts und auf „Empfänger*in hinzufügen ..."
- Um einen Empfänger aus der Liste zu entfernen, tippen Sie auf den Namen und in dem sich nun öffnenden Fenster auf „... von der Broadcast-Liste entfernen".
- Um von der Infoseite zur eigentlichen Nachricht zurückzukommen, tippen Sie auf den Pfeil oben links.
- Möchten Sie Ihre Nachricht noch etwas gestalten, klicken Sie auf die drei Punkte oben rechts und dann auf „Hintergrund". Wählen Sie dann einen eigenen Hintergrund, für den Sie einen der Vorschläge oder eigene Fotos verwenden können.
- Schreiben Sie dann wie gewohnt Ihre Nachricht im Texteingabefeld, fügen Sie bei Bedarf Medien hinzu und tippen Sie dann auf den „Senden"-Pfeil.

TIPP. Es empfiehlt sich, der Liste einen Namen zu geben, der Ihnen auch später etwas sagt. So behalten Sie den Überblick und können die Liste später wiederverwenden. Tippen Sie dazu auf der Infoseite auf das Stiftsymbol.

iPhone. Um eine Broadcast-Liste zu erstellen, nehmen Sie folgende Schritte.

- Gehen Sie in die Einstellungen und tippen Sie auf „Broadcast-Liste“.
- Tippen Sie ganz unten auf „Neue Liste“.
- Wählen Sie nun aus Ihren Kontakten alle diejenigen aus, die zu der Liste gehören sollen. Sie können über das Suchfeld oben gezielt nach Kontakten suchen.
- Tippen Sie oben rechts auf „Erstellen“.
- Schreiben Sie Ihre Nachricht an die Liste und senden Sie sie ab.
- Die Liste erscheint nun unter „Broadcast-Listen“, also jenem vormals leeren Bereich, in dem Sie zuvor auf „Neue Liste“ getippt haben.
- Tippen Sie auf das „i“, um der Liste einen Namen zu geben.
- Über „Liste bearbeiten“ können Sie weitere Kontakte hinzufügen oder Empfänger aus der Liste entfernen.

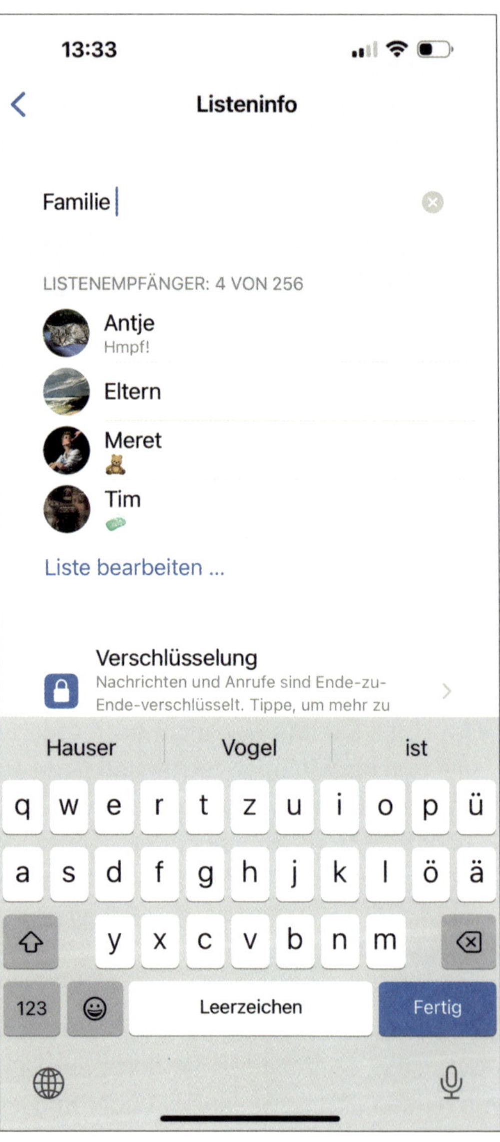

GUT ZU WISSEN. Kontakte müssen Ihre Telefonnummer in ihrem Adressbuch gespeichert haben, um Ihre via Broadcast-Liste versendeten Nachrichten zu empfangen.

Immer auf dem Laufenden: Benachrichtigungen

Eingehende Nachrichten, seien sie von einer Einzelperson oder von einer Gruppe, möchte man in der Regel nur ungern verpassen. Doch manche Töne nimmt man kaum wahr, andere nerven, und in bestimmten Situationen sind WhatsApp & Co. von untergeordneter Bedeutung. Wann und wie Sie benachrichtigt werden wollen, legen Sie in den Einstellungen von WhatsApp fest. Alles, was Sie dazu wissen müssen, finden Sie auf den folgenden Seiten.

Die wichtigsten Optionen für Benachrichtigungen finden Sie in den WhatsApp-Einstellungen. Sie erreichen sie über die Menü-Taste (drei Punkte oben rechts) und „Einstellungen", unabhängig davon, ob Sie gerade im Bereich „Communitys", „Chats", „Aktuelles" oder „Anrufe" sind. Tippen Sie dort auf „Benachrichtigungen".

Ganz oben können Sie die Nachrichtentöne durch Aktivieren oder Deaktivieren des Schalters bei „Benachrichtigungen anzeigen" ein- oder ganz ausschalten.

Alle Benachrichtigungseinstellungen können für Einzelpersonen oder für Gruppen angewandt werden.

- **Ton/Benachrichtigungston.** Hier können Sie aus einer großen Auswahl jene Tönen wählen, die beim Eintreffen einer neuen Nachricht erklingen sollen. Falls Ihr Smartphone eine Benachrichtigungs-LED hat, können Sie hier auch die Farbe auswählen.
- **Benachrichtigungen bei Reaktionen.** Sie bekommen auch dann ein Signal, wenn jemand auf Ihre Nachricht lediglich mit einem Symbol eines hochgestreckten Daumens oder Ähnlichem reagiert. Da der Informationswert in diesen Fällen meist begrenzt ist, können Sie diese Option deaktivieren, um nicht so oft gestört zu werden.
- **Vibration.** Ist diese Option aktiviert, macht Ihr Smartphone Sie durch leichtes Vibrieren auf den Eingang neuer Nachrichten aufmerksam.
- **Pop-up-Benachrichtigungen.** Ist diese Option aktiviert, werden Sie auf eingehende Nachrichten durch ein „aufpoppendes" Fenster aufmerksam gemacht. In neueren Android-Versionen gibt es diese Funktion nicht mehr.
- **Licht.** Falls auf Ihrem Smartphone-Modell eine Benachrichtigungs-LED vorhanden ist, können Sie unter dieser Option anpassen, in welcher Farbe sie blinken soll, und zwar unterschiedlich für Einzelkontakte und Gruppen.

WICHTIG. Vergessen Sie nicht, oben rechts auf „Speichern" zu tippen, damit die Änderungen wirksam werden.

iPhone. Der Unterpunkt „In-App-Benachrichtigungen" bietet die Möglichkeit, die Form der Benachrichtigungen Ihren Wünschen anzupassen. Es geht hier explizit um Benachrichtigungen, die eingehen, während Sie gerade mit einer anderen App beschäftigt sind. Wählen Sie zwischen

- **Keine**
- **Banner.** Am oberen Bildrand wird ein schmales Fenster eingeblendet, das kurzzeitig bestimmte App-Funktionen, die ebenfalls am oberen Bildrand platziert sind, verdecken kann. Es verschwindet nach kurzer Zeit automatisch wieder.
- **Hinweise.** Mit dieser Einstellung bekommen Sie in einem mittig platzierten Fenster auf dem Bildschirm mehr Informationen über eine eingegangene Nachricht. Allerdings müssen Sie auf einen Hinweis reagieren, damit er wieder verschwindet und Sie mit dem fortfahren können, was Sie gerade gemacht haben.
- **Töne, Vibration.** Sie können festlegen, ob Sie durch Töne, Vibrieren oder beides über neu eingegangene Nachrichten informiert werden wollen.

Haben Sie die Option „Vorschau anzeigen" aktiviert, wird Ihnen schon beim Eingang der Benachrichtigung eine Vorschau angezeigt. Das ist praktisch, um schnell zu beurteilen, ob man gleich antworten muss oder nicht. Allerding lenkt die Aktivität dieser Option auch stark ab. Darüber hinaus können auf diese Weise Benachrichtigungen, wenn sie in einem ungünstigen Moment erscheinen, von anderen gesehen werden, die der Inhalt der Nachricht eigentlich nicht angeht.

Whatsapp-Benachrichtigungen personalisieren

Wollen Sie die Form von Benachrichtungen Ihren Vorstellungen anpassen, öffnen Sie einen beliebigen Einzel- oder Gruppenchat und tippen Sie oben auf den Namen des Kontakts oder der Gruppe.

- Tippen Sie in den Kontakt-Infos auf „Benachrichtigungen" und wählen Sie unter „Benachrichtigungston" einen eigenen Ton für diesen Kontakt.
- Tippen Sie auf „Erweiterte Einstellungen" und wählen Sie unter „Licht" einen Farbton.
- Setzen Sie einen Haken bei „Benachr. mit hoher Priorität benutzen", wenn Ihnen neu eingehende Nachrichten oben auf dem Bildschirm angezeigt werden sollen.

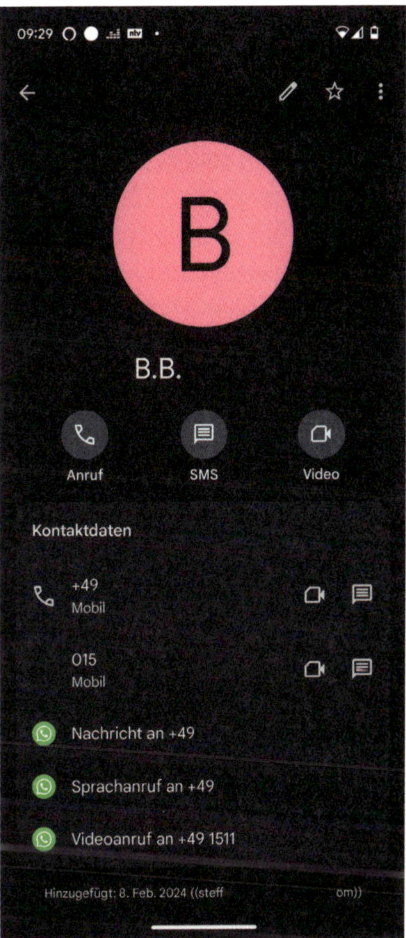

iPhone. Auf dem iPhone oder iPad haben Sie nur die Möglichkeit, Ihren Kontakten bestimmte Mitteilungstöne zuzuordnen. Öffnen Sie einen beliebigen Einzel- oder Gruppenchat und tippen Sie oben auf den Namen des Kontakts oder der Gruppe. Tippen Sie auf „Hintergrund und Töne", wählen Sie „Mitteilungston" aus und legen Sie den gewünschten Ton fest.

Bitte nicht stören!

Irgendwann reicht's, auch mit WhatsApp! Es gibt Situationen, da sind alle neuen Nachrichten und Anrufe egal und man möchte einfach seine Ruhe haben. Der WhatsApp-Anbieter Meta ist allerdings wohl anderer Meinung, denn es gibt keine Möglichkeit, den Messenger zu bestimmten Zeiten stummzuschalten. So können Sie sich behelfen.

Android. Streichen Sie mit dem Finger vom oberen Bildschirmrand nach unten, um die Schnelleinstellungen zu öffnen. Dort gibt es die Schaltfläche „Bitte nicht stören". Tippen Sie darauf, wird allerdings Ihr gesamtes Telefon stummgeschaltet. Um mehr Kontrolle zu haben, tippen Sie etwas länger darauf, bis das „Bitte nicht stören"-Menü erscheint.

- Unter „Allgemein" und „Zeitpläne" können Sie Ihre Ruhezeiten festlegen.
- Unter „Personen" bestimmen Sie Kontakte, die Sie jederzeit erreichen können sollen. Das gilt auch für WhatsApp-Nachrichten und Anrufe.
- Unter „Apps" können Sie festlegen, welche Apps Ihre Ruhe stören dürfen und welche nicht. Hier hätten Sie prinzipiell auch die Möglichkeit, einzig und allein WhatsApp-Nachrichten durchzulassen. Aber das ist natürlich ganz Ihre Entscheidung.

iPhone. Unter iOS haben Sie ganz ähnliche Optionen, und auch die Handhabung gleicht der von Android (oder, falls Sie ein Apple-Fan sind, Android gleicht der von iOS). Streichen Sie mit dem Finger vom oberen Bildschirmrand nach unten, um die Schnelleinstellungen zu öffnen. Die Schaltfläche heißt hier „Fokus". Tippen Sie etwas länger darauf, dann kurz auf die drei waagrechten Punkte im „Nicht stören"-Fenster und unten auf „Einstellungen". Hier können Sie unter „Mitteilungen erlauben" und „Zeitplan festlegen" alle Einstellungen so vornehmen, wie es für Sie am besten passt.

Telefonieren mit WhatsApp

Das Telefon in die Hand zu nehmen, eine Nummer zu wählen und mit dem Gegenüber zu sprechen, scheint mehr und mehr aus der Mode zu kommen. Glücklicherweise hält WhatsApp für alle, die das persönliche Gespräch noch schätzen, eine Telefonfunktion bereit. Die kann sogar eine Menge mehr als das klassische Telefon. Zum Beispiel Gruppenanrufe und Telefonate in Wort und Bild (neudeutsch „Videocalls"). Noch besser: Anrufe zwischen WhatsApp-Nutzern sind gratis. Allerdings gilt das nur unter bestimmten Umständen (siehe Kasten, ► Seite 105).

Und noch eine Einschränkung müssen Sie in Kauf nehmen: Es ist nicht möglich, von WhatsApp aus in andere Netze zu telefonieren. Hat Ihr gewünschter Gesprächspartner kein WhatsApp, müssen Sie ihn auf anderem Wege anrufen.

Was kosten WhatsApp-Calls wirklich?

Wenn Sie mit anderen WhatsApp-Nutzern telefonieren oder Videocalls durchführen, fallen vonseiten von WhatsApp keine Gebühren an. Da Sie jedoch über eine Internetverbindung telefonieren, ist „keine Gebühren" allerdings relativ. Solange Sie über ein WLAN eingewählt sind, sei es zu Hause, sei es bei Freunden oder an einem öffentlichen Ort, sind Sie vor versteckten Kosten sicher (vorausgesetzt, Sie müssen für die WLAN-Nutzung nichts extra bezahlen). Außerhalb von WLANs wird die Internetverbindung aber über die Mobilfunknetze realisiert. Ob über UMTS, LTE oder 5G, hängt von Ihrem Mobilfunkvertrag ab, ebenso wie die Kosten, die dafür anfallen. Bei einer Flatrate, also einem unbegrenzten Festtarif, ist das kein Problem. Da bei WhatsApp-Telefonaten pro Minute eine Datenmenge von rund 1 Megabyte (MB) übertragen wird, können längere Gespräche schnell ins Geld gehen, wenn Sie im Rahmen Ihres Vertrages für jedes Megabyte zur Kasse gebeten werden. Bei Videocalls fallen sogar rund 5 MB pro Minute an. Denken Sie auch an die übertragene Datenmenge, wenn Sie über WhatsApp Fotos, Videos und Dateien versenden! Wie teuer es tatsächlich wird, hängt von Ihrem Mobilfunkvertrag ab. Wenn Sie vorhaben, WhatsApp zum Telefonieren außerhalb von WLANs zu benutzen, schließen Sie einen Flatrate-Vertrag ab. Ansonst haben Sie von Ihrem Mobilfunkanbieter hier eher wenig Unterstützung zu erwarten, schließlich unterlaufen WhatsApp-Telefonate in gewisser Weise sein Geschäftsmodell.

TIPP. Gehen Sie in die WhatsApp-Einstellungen und aktivieren Sie unter „Speicher und Daten" die Option „Weniger Daten für Anrufe verwenden". Das kann die Qualität der Anrufe etwas vermindern, hilft Ihnen aber dabei, Geld zu sparen.

Anrufe starten

Wie wir in den vorigen Kapiteln bereits festgestellt haben, gibt es bei WhatsApp keine direkt aufrufbare Kontaktliste, aus der Sie Chats oder Anrufe starten können. Das WhatsApp-Prinzip sieht vor, dass man Kontakte immer aus einer bestimmten Anwendungssituation heraus auswählt. Das gilt auch für Anrufe. Es gibt mehrere Möglichkeiten, jemanden anzurufen.

- Wenn Sie mit der betreffenden Person bereits gechattet haben, tippen Sie unter „Chats" auf den Einzelchat und dann oben in der grünen Leiste mit dem Namen des Kontakts auf das „Anrufen"-Symbol.

- Wenn Sie mit der betreffenden Person bereits telefoniert haben, tippen Sie unter „Anrufe“ auf das „Anrufen“-Symbol in dem entsprechenden Eintrag.
- Wenn Sie mit der betreffenden Person bislang weder gechattet noch telefoniert haben, tippen Sie unter „Anrufe“ auf das grüne Telefon-Symbol unten rechts. Nun erscheint die Liste Ihrer WhatsApp-Kontakte. Tippen Sie auf das „Anrufen“-Symbol rechts neben dem Namen des gewünschten Kontakts, um ihn anzurufen.

Starten eines WhatsApp-Anrufs

- Gehen Sie in den Bereich „Anrufe“.
- Tippen Sie unten rechts auf das „Neuer Anruf“-Symbol.
- Wählen Sie einen Kontakt, den Sie anrufen möchten, aus dem Bereich „Häufig kontaktiert“ (Kontakte, mit denen Sie öfter kommunizieren) oder „Kontakte auf WhatsApp“ (Kontakte aus Ihrem Kontaktverzeichnis).
- Möchten Sie eine Person anrufen, deren Telefonnummer noch nicht gespeichert ist, tippen Sie auf „Neuer Kontakt“, geben Sie die Daten ein und tippen Sie auf „Speichern“.
- Der betreffende Name ist nun mit einem Häkchen versehen. Sie können durch Antippen von Einträgen in der Kontaktliste weitere Kontakte zu dem Telefonat hinzufügen. Sie erscheinen unterhalb des Suchfeldes und können durch Antippen des mit einem X markierten Profilbilds wieder aus der Liste entfernt werden.
- Tippen Sie auf das Hörer-Symbol, um einen Sprachanruf zu starten, oder auf das Kamera-Symbol, um einen Videoanruf zu starten.

Alternativ

- Öffnen Sie unter „Chats“ einen Einzelchat mit dem Kontakt, den Sie anrufen möchten.
- Tippen Sie in der Funktionsleiste oberhalb des Chats auf das Hörer-Symbol, um einen Sprachanruf zu starten, oder auf das Kamera-Symbol, um einen Videoanruf zu starten.

5 Dinge, die Sie über WhatsApp-Anrufe wissen sollten

- Sie können grundsätzlich nur Kontakte aus Ihrer WhatsApp-Kontaktliste anrufen.
- Zwar erscheint beim Aufrufen von „Neuer Kontakt" ein Nummernfeld, das sich auch bei der Kontaktsuche über das Symbol rechts im Suchfeld aufrufen lässt. Mit der direkten Eingabe einer „fremden" Nummer lässt sich aber kein Anruf realisieren.
- Wie Chats so sind auch Anrufe und Videoanrufe via WhatsApp von Ende zu Ende verschlüsselt.
- Sobald Sie auf das „Anrufen"-Symbol tippen, wird der Anruf gestartet. Man muss mitunter also gut aufpassen, dass man nicht versehentlich einen Anruf startet.
- Der Klingelton von WhatsApp-Anrufen unterscheidet sich von jenem, der bei anderen Anrufen zu hören ist. Zudem erscheint auf dem Display das WhatsApp-Symbol.

iPhone

- Gehen Sie in den Bereich „Anrufe".
- Wählen Sie oben den Bereich „Alle".
- Tippen Sie oben rechts auf das Plus-Symbol.
- Wählen Sie einen oder mehrere Kontakte aus der Liste aus.
- Befindet sich die Person nicht in der Kontaktliste, tippen Sie auf „Neuer Kontakt" und geben Sie den Namen und die Telefonnummer ein.
- Tippen Sie oben rechts auf das Hörer-Symbol, um einen Sprachanruf zu starten.
- Tippen Sie oben rechts auf das Kamera-Symbol, um einen Videoanruf zu starten.

iPhone. Um jemanden anzurufen, tippen Sie in der Chatansicht auf das Telefon-Symbol. Tippen Sie auf den Pfeil links oben, um in den Chat zu wechseln. Um zum Anrufbildschirm zurückzukehren, tippen Sie im Chat auf den grünen Balken oben im Display.

TIPP. Wenn Sie einen Anruf über das „Neuer Anruf"-Symbol starten, erscheint oben ein Eingabefeld mit dem Hinweis „Nach Namen oder Nummer suchen …". Ganz rechts im Eingabefeld ist ein Symbol, über das Sie durch Antippen zwischen Buchstaben-Tastatur und Nummernfeld wählen können.

WICHTIG. Sie können via WhatsApp nicht die üblichen Notrufnummern (122, 133, 144, 112) anrufen! Rufen Sie Feuerwehr, Polizei und Rettung im Notfall also über Ihre normale Telefonverbindung an oder nutzen Sie eine Notfall-App, die man aus dem Play Store oder App Store herunterladen kann.

Sprachanruf empfangen

Ist Ihr Telefon gesperrt ist und Sie bekommen einen Anruf, erscheint auf Ihrem Display die Nachricht „WhatsApp-Sprachanruf".

- Wischen Sie das Symbol für „Annehmen" (grüner Hörer) nach oben, um den Anruf anzunehmen.
- Wischen Sie das Symbol für „Ablehnen" (roter Hörer) nach unten, um den Anruf abzulehnen.

Ist Ihr Telefon entsperrt und Sie bekommen einen Anruf, erscheint auf dem Display der Hinweis „Eingehender Sprachanruf".

- Tippen Sie auf „Annehmen" (grüner Hörer), um den Anruf anzunehmen.
- Tippen Sie auf „Ablehnen" (roter Hörer), um den Anruf abzuweisen.

TIPP. Wenn Sie ein Anruf zu einem unpassenden Zeitpunkt erreicht, Sie ihn aber nicht brüsk ablehnen möchten, ziehen Sie unter Android das Sprechblasen-Symbol unterhalb der Annehmen-/Ablehnen-Button nach oben oder tippen Sie am iPhone auf das „Nachricht"/Sprechblasen-Symbol oberhalb des Annehmen-Buttons. Sie können nun wählen zwischen vorgefertigten Antworten („Ich rufe später zurück.", „Kann jetzt nicht sprechen. Später?") oder dem eigenen Verfassen einer Textantwort.

iPhone. Tippen Sie bei einem ankommenden Anruf auf das Nachricht-Symbol.

Klingelton festlegen

Gehen Sie in die WhatsApp-Einstellungen (► Seite 31) und tippen Sie auf „Benachrichtigungen" (► Seite 101ff). Scrollen Sie ganz nach unten. Unter „Klingelton“ können Sie nun festlegen, ob und wenn ja mit welchem Klingelton Sie auf eingehende Anrufe aufmerksam gemacht werden wollen. Wie bei den anderen Benachrichtigungen auch müssen Sie oben rechts auf „Speichern“ tippen, damit die Änderungen wirksam werden. Ganz unten legen Sie fest, ob und wie lang Ihr Smartphone bei eingehenden Anrufen vibrieren soll.

Anrufe verwalten

Während des Anrufs erscheint am unteren Bildschirmrand eine Menüleiste mit folgenden Optionen:

- **Lautsprecher.** Schalten Sie vom Ohrhörer Ihres Handys auf den Lautsprecher um und bei Bedarf wieder zurück. Das ist hilfreich, wenn Sie während des Anrufs die Hände frei haben möchten oder wenn mehrere Personen bei dem Gespräch mithören sollen.
- **Kamera.** Über dieses Symbol können Sie jederzeit von einem Sprach- zu einem Videoanruf wechseln und wieder zurück.
- **Mikrofon.** Schalten Sie das Mikrofon bei Bedarf stumm. Das empfiehlt sich insbesondere, wenn Ihre Umgebung sehr laut ist, damit Sie Ihren Gesprächspartner besser hören können. Auch bei Gruppenanrufen ist es ratsam, das Mikrofon auszuschalten, wenn gerade andere reden.
- **Rote Taste.** Über dieses Symbol beenden Sie das Gespräch.

Verpasste Anrufe

Haben Sie einen Anruf verpasst, wird Ihnen das auf dem Sperrbildschirm Ihres Smartphones und in der Benachrichtigungsleiste angezeigt. Anders gesagt: Sie werden genauso behandelt wie alle anderen Anrufe. Tippen Sie auf die Benachrichtigung, um die betreffende Person direkt anzurufen oder ihr eine Textnachricht zu schreiben.

Unbekannte Nummern stummschalten

Möchten Sie verhindern, dass Sie von Nummern angerufen werden, die sich nicht in Ihrer WhatsApp-Kontaktliste befinden, können Sie diese stummschalten. Gehen Sie dazu in die Einstellungen und zu „Datenschutz". Blättern Sie etwas nach unten und tippen Sie unter „Anrufe" auf „Anrufe von Unbekannt stummschalten".

Zwischen Sprach- und Videoanruf wechseln

Sie können während eines Anrufs von einem Sprach- zu einem Videoanruf wechseln, wenn Sie zu dem Schluss kommen, dass man sich ja auch von Angesicht zu Angesicht unterhalten könnte.

- Tippen Sie dazu während eines laufenden Sprachanrufs auf das Kamera-Symbol und auf „Wechseln". Die Person, mit der Sie gerade telefonieren, bekommt dann die Anfrage, ob sie einem Wechsel zu einem Videoanruf zustimmt oder nicht.

Umgekehrt können Sie von einem Video- zu einem Sprachanruf wechseln.

- Tippen Sie dazu während des Videoanrufs auf das Kamera-Symbol und auf „Video aus". Die Person, mit der Sie gerade telefonieren, bekommt eine entsprechende Nachricht. Sobald auch sie auf ihrem eigenen Gerät die Videofunktion ausgeschaltet hat, wird der Anruf zu einem Sprachanruf.

Videoanrufe

Um einen Videoanruf zu starten, tippen Sie statt auf das „Anrufen"-Symbol auf das Kamera-Symbol. Ansonst gilt weitgehend alles, was wir oben über Anrufe gelernt haben. Wie ebenfalls bereits erwähnt, können Sie ansatzlos zwischen beiden Anrufvarianten hin- und herschalten. Auch die Symbole zur Anrufverwaltung entsprechen den gerade beschriebenen. Kleine Unterschiede gibt es allerdings.

- Um die Menüleiste mit den Optionen einzublenden, tippen Sie auf die Mitte des Displays.
- Über das an dieser Stelle etwas unpassende, einen Fotoapparat darstellende Symbol ganz links schalten Sie zwischen Front- und Hauptkamera um. Statt Ihr eigenes Gesicht zu zeigen, können Sie Ihre Gesprächspartner also auch an Ihrer momentanen Aussicht teilhaben lassen.
- Über den Pfeil oben links wechseln Sie zur Chatansicht.

Telefon- und Videokonferenzen (Gruppenanrufe)

Die Kommunikation innerhalb von Gruppen gehört zu den wichtigsten Funktionen von WhatsApp. Klar, dass man auch mit mehreren Personen gleichzeitig telefonieren kann. Der schnellste Weg führt über den Bereich „Anrufe".

- Tippen Sie unten rechts auf das grüne Telefonhörer-Symbol.
- Sie können nun durch einfaches Antippen der entsprechenden Einträge bis zu sieben Kontakte hinzufügen. Die maximale Teilnehmerzahl ist also acht. Sie erscheinen unterhalb des Suchfelds am oberen Bildschirmrand.
- Tippen Sie auf das X am Profilbild, wenn Sie einen Teilnehmer entfernen möchten.
- Tippen Sie auf das Anrufen-Symbol, um eine Telefonkonferenz, und auf das Kamera-Symbol, um eine Videokonferenz zu starten.
- Sie können während eines laufenden Anrufs weitere Teilnehmer hinzufügen (falls die Höchstzahl noch nicht erreicht wurde), indem Sie auf das Person-hinzufügen-Symbol oben rechts tippen.

Während einer laufenden Konferenz wird jeder Teilnehmer einer Telefonkonferenz durch eine Art Visitenkarte repräsentiert. Bei einer Videokonferenz ist stattdessen dessen Videobild zu sehen. Der gerade Sprechende wird mittels eines farbigen Rahmens hervorgehoben. Tippen Sie lang auf eine der Karten, können Sie dem dadurch repräsentierten Teilnehmer eine Nachricht schicken oder ihn stummschalten. Teilnehmer können sich jederzeit ausklinken, indem sie auf das rote Hörer-Symbol rechts unten tippen. Über die Symbole links daneben können Sie den Lautsprecher, das Mikrofon und bei Videocalls die Kamera an- und ausschalten.

Teilnehmer per Link einladen

Sie können Teilnehmer auch über andere Kommunikationswege zu Telefon- oder Videokonferenzen einladen. Tippen Sie im Bereich „Anrufe" auf „Anruflink erstellen". Unter „Anruftyp" wählen Sie, ob es eine Telefon- oder eine Videokonferenz sein soll. Nun wird ein Link erstellt, den Sie mithilfe der unten angezeigten Optionen verschicken können:

- innerhalb von WhatsApp – „Link über WhatsApp senden"
- per Link, den Sie kopieren und beispielsweise in eine E-Mail- oder eine Messenger-Nachricht einfügen können – „Link kopieren"
- über eine beliebige andere auf Ihrem Smartphone installierte App – „Link teilen"

Was kann schon passieren? Mögliche Gefahren bei WhatsApp

Es ist eine traurige Realität: Überall dort, wo sich viele Menschen zusammenfinden, um sich untereinander auszutauschen und zu kommunizieren, gibt es auch Kriminelle, die sich die Atmosphäre der Nähe und Vertrautheit zunutze machen. Und sie scheinen den Maßnahmen, diese Gefahr einzudämmen, stets einen Schritt voraus zu sein. Das belegt auch die aktuelle Warnung des Landeskriminalamts Niedersachsen. Demnach geben sich die Betrüger neuerdings als Mitarbeiterinnen oder Mitarbeiter einer Behörde aus. Ins Visier genommen werden perfiderweise Menschen, die schon einmal Opfer einer Betrugsmasche geworden sind und dies zur Anzeige gebracht haben. Via WhatsApp werden an diesen Personenkreis Nachrichten verschickt, die echte Namen und Schadenssummen enthalten. Von diesen Fakten, die Authentizität vortäuschen sollen, haben die Täter aus den Anklageschriften, die von einer echten Behörde verschickt wurden, Kenntnis erhalten. Laut dem Landeskriminalamt ist es das Ziel, an Konto-, Ausweis- oder Zugangsdaten zu gelangen. Dabei werden unter anderem Links zu gefälschten Webseiten verschickt, über die eine Rückerstattung erfolgen soll.

Wenn Sie WhatsApp oder einen anderen Messenger nutzen, denken Sie immer daran: Die Polizei würde ebenso wenig wie irgendeine andere Behörde oder offizielle Stelle jemals auf diesem Weg Kontakt zu Ihnen aufnehmen, ob Sie nun zu den Geschädigten einer Straftat gehören oder nicht. Klicken Sie niemals auf Links von unbekannten Absendern, teilen Sie keine persönlichen Informationen, blockieren Sie mutmaßliche Betrüger und melden Sie es umgehend, wenn Ihnen etwas nicht geheuer vorkommt. In WhatsApp gibt es dafür mehrere Möglichkeiten.

- **Blockieren.** Tippen Sie auf die betreffende Nachricht und halten Sie den Finger darauf, bis sie markiert ist. Tippen Sie dann auf die Menü-Schaltfläche (drei Punkte) oben rechts und wählen Sie „Blockieren".
- **Nachricht melden.** Öffnen Sie den Chat, in dem die Nachricht geteilt wurde, tippen Sie auf die betreffende Nachricht und halten Sie den Finger darauf, bis sie markiert ist. Tippen Sie dann auf die Menü-Schaltfläche und wählen Sie „Melden".
- **Absender melden und blockieren.** Öffnen Sie die Nachricht, indem Sie darauf tippen. Tippen Sie dann oben auf die grüne Fläche mit dem Namen des Absenders. Wischen Sie von unten nach oben und tippen Sie ganz unten auf „(Name) melden" und „(Name) blockieren".

Vor den folgenden Betrugsmaschen sollten Sie bei WhatsApp auf der Hut sein.

- **Phishing.** Nachrichten, die vorgeblich von offiziellen Unternehmen oder Organisationen wie Behörden, Banken oder Versicherungen stammen. Sie enthalten oft Links zu gefälschten Websites, über die Betrüger versuchen, an persönliche Informationen wie Nutzernamen, Passwörter oder Kreditkartennummern zu kommen.
- **Kettenbriefe.** In der digitalen Welt hat diese Masche schon traurige Tradition. Ziel ist es, Falschnachrichten, Warnungen vor angeblichen Bedrohungen oder falsche Versprechungen möglichst massenhaft zu verbreiten. Dazu sollen die Empfänger die Nachricht an ihre Kontakte weiterleiten. Das sollten Sie grundsätzlich nicht tun und stattdessen eigene Kontakte auf den Missbrauch aufmerksam machen, die solche Nachrichten weiterverbreiten.

- **Gewinnbenachrichtigungen.** Auch diese gehören meist zur Kategorie der Kettenbriefe. Ziel ist es, die vermeintlichen Gewinner dazu zu bewegen, persönliche Informationen preiszugeben oder gar Gebühren zu zahlen, um den versprochenen Preis zu erhalten. Leider funktioniert diese Masche immer wieder, weil Menschen dazu neigen, Dinge zu glauben, die sie gerne glauben möchten.
- **Abofallen.** Die wenigsten Dinge im Leben sind umsonst, deshalb sollten Sie immer alarmiert sein, wenn Ihnen via WhatsApp Geschenke, kostenlose Abonnements oder andere Vergütungen angeboten werden. Sie können sicher sein, dass so gut wie alle diese Nachrichten nur darauf abzielen, dass Sie persönliche Informationen weitergeben oder etwas kaufen oder abonnieren, das Sie eigentlich gar nicht wollen. Sind Sie einmal darauf hereingefallen, widersprechen Sie wenn möglich schriftlich allen Vereinbarungen und wenden Sie sich an eine Verbraucherschutzorganisation oder die Polizei.
- **Identitätsdiebstahl.** Allen Sicherheitsvorkehrungen zum Trotz kann man sich in WhatsApp leicht als Bekannter, Freund oder Familienmitglied ausgeben. In dieser Rolle bitten Kriminelle dann um persönliche Informationen oder Geld, wobei häufig ein Notfall vorgetäuscht wird. Dieser sogenannte Enkeltrick hat leider im realen Leben wie in der digitalen Welt immer wieder Erfolg. Fragen Sie sich immer, wie wahrscheinlich es ist, dass tatsächlich eine bekannte Person hinter der Bitte steckt. Geraten Sie nicht in Panik und ziehen Sie im Zweifel immer erst eine Vertrauensperson hinzu, bevor Sie irgendetwas unternehmen.

Grundsätzlich gilt: WhatsApp ist zur direkten Kommunikation zwischen Menschen da, die sich persönlich kennen. Klicken Sie niemals Links von unbekannten Absendern an, geben Sie keine persönlichen Informationen weiter und melden Sie verdächtige Nachrichten. Außerdem empfiehlt es sich, die Datenschutzeinstellungen von WhatsApp zu überprüfen und regelmäßig zu aktualisieren (► Seite 23ff und 115ff).

Thema Datenschutz: So überprüfen Sie, ob Ihre Daten sicher sind

Seit es WhatsApp gibt, warnen kritische Stimmen vor der Nutzung des Messengers. Durch den Verkauf an den Facebook-Konzern sind sie nicht leiser geworden. Experten erwarten, dass der Datenschutz über kurz oder lang gelockert wird, um personalisierte Werbung zu ermöglichen. Weil sich bislang keine der Alternativen wie Telegram oder Threema durchsetzen konnte, wird man an WhatsApp aber bis auf Weiteres kaum vorbeikommen. Immerhin gibt es wirksame Maßnahmen, um sich vor den wie überall in der digitalen Welt lauernden Gefahren zu schützen. Das beginnt schon beim Herunterladen der App. Insbesondere in Googles Play Store bestätigt sich die alte Regel: Was viele Nutzer anzieht, ruft unweigerlich auch Betrüger auf den Plan. Immer wieder tauchen hier angeblich verbesserte Versionen des Originals auf. Um Downloads wie „Update WhatsApp Messenger" sollte man daher einen weiten Bogen machen. Denn damit lädt man sich statt erweiterter Kommunikationsoptionen mit hoher Wahrscheinlichkeit eine Schadsoftware aufs Handy. Vorsicht geboten ist auch bei vermeintlichen Gutscheinen und Gewinnspielen, die sich gern mit prominenten Markennamen schmücken. Solche Angebote verstopften früher nur den Briefkasten und wanderten ins Altpapier, heute kommen sie per WhatsApp-Nachricht aufs Handy –

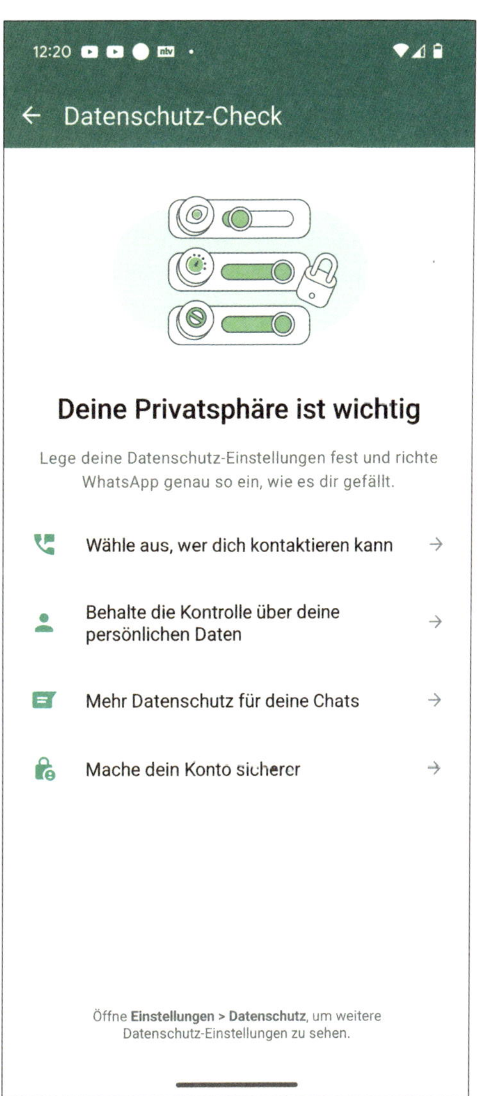

und sind oft sehr viel schwerer wieder loszuwerden. Schlimmstenfalls enthalten sie Links zu sogenannten Phishing-Seiten (sprich: „fisching"), die ihren Opfern ziemlich raffiniert private Daten, Mail-Adressen und persönliche Kontakte entlocken.

Wollen Sie sich Fremden gegenüber eher zugeknöpft zeigen, sollten Sie zudem einen Blick in die Einstellungen von WhatsApp werfen. Tippen Sie dazu in der App oben rechts auf die drei vertikalen Punkte und dann auf „Einstellungen". Unter „Account" gehen Sie danach zur Kategorie „Datenschutz". Hier können Sie unter anderem festlegen, dass Ihr Profilbild nur Ihren eigenen Kontakten angezeigt wird und nicht jedem, der zufällig Ihre Nummer kennt. Die größte Gefahr für Ihre Privatsphäre liegt aber darin, dass Ihr Account in die falschen Hände gerät. Sorgen Sie für diesen Fall mit der Aktivierung der sogenannten Zwei-Faktor-Authentifizierung vor. In den Account-Einstellungen, die Sie wie beschrieben erreichen, tippen Sie dazu auf „Verifizierung in zwei Schritten". Dort wählen Sie eine sechsstellige PIN, die WhatsApp unter anderem dann abfragt, wenn der Account in Verbindung mit einer anderen Rufnummer genutzt werden soll. Zusätzlich sollten Sie eine Mail-Adresse zur Reaktivierung angeben, falls Sie Ihren Code einmal vergessen sollten. Ihr Konto ist damit wirksam gegen Missbrauch geschützt. Zusätzlich können Sie sich, ebenfalls in den „Einstellungen", gegen den Verlust Ihrer Chat-Verläufe absichern. Aktivieren Sie dazu unter „Chats" die Option „Chat-Back-up". Die Daten werden dann in Google Drive (bei Android-Geräten) oder in der iCloud (bei iPhones) gesichert und können, etwa auf einem neuen Gerät, wiederhergestellt werden. Unter iOS werden sie dazu sogar verschlüsselt. Dem Datenschutz dient schließlich auch die Tatsache, dass Sie WhatsApp nur auf einem Gerät nutzen können. Nach einem Wechsel müssen Sie Ihre Identität mit einem per SMS oder Sprachbotschaft übermittelten Code verifizieren. Das ist ziemlich lästig, wenn man mehrere Handys benutzt. Aber was tut man nicht alles für etwas mehr Sicherheit.

Safer chatten mit WhatsApp: Wie man den Instant Messenger sicherer und bequemer macht

Der einst so populäre Kurznachrichtendienst SMS kommt mehr und mehr außer Mode. Wer eine klassische Textbotschaft verschickt, muss sich nicht wundern, wenn er darauf keine Antwort bekommt – viele Smartphone-Benutzer schauen gar nicht mehr in ihren Posteingang. Das trifft zumindest auf Adressaten unter 25 zu. Aber auch bei Älteren hat sich WhatsApp mittlerweile als Standard durchgesetzt. Eine Milliarde aktiver Nutzer verzeichnet der Dienst weltweit. Kein Wunder, die App für iOS, Android und Windows Phone kostet nichts und bietet ständig neue Funktionen wie etwa unzählige „Emoticons", mit denen man seine aktuelle Gefühlslage zum Ausdruck bringen kann. Über die „Unkultur", sich nur noch mit lustigen Bildchen statt mit selbst verfassten Texten zu verständigen, kann man sich natürlich streiten. Eine richtig gute Sache ist auf jeden Fall die neu eingeführte Ende-zu-Ende-Verschlüsselung. „Chats", also die Textkommunikation der Nutzer untereinander, sind damit vor dem Zugriff Dritter geschützt. Gut so, denn da man in der digitalen Welt sowieso bereits auf Schritt und Tritt bespitzelt wird, sollte man jede Möglichkeit nutzen, etwas mehr Privatsphäre zu schaffen.

Dazu muss man nur die neuste Version installieren oder die bereits installierte App per Update auf den neusten Stand bringen. Hat man das Auto-Update aktiviert, muss man also gar nichts tun. Wer WhatsApp neu herunterlädt, bekommt gleich die neuste Version mit Verschlüsselung. Verschlüsselt sind nur Chats mit Kontakten, die das ebenfalls getan haben. Um im Zweifel zu überprüfen, ob die Verbindung geschützt ist, tippt man auf den betreffenden Kontakt und scrollt nach unten zu „Verschlüsselung". Es bleibt allerdings ein Restrisiko. WhatsApp ist nicht quelloffen, was konkret bedeutet, dass sich der Anbieter nicht in die Karten schauen lässt. Es ist also zumindest nicht ganz auszuschließen, dass die App manipuliert wird, um Unterhaltungen doch mithören zu können. Außerdem sammeln die WhatsApp-Server nach wie vor Metadaten. Es bleibt also nachvollziehbar, wer wann mit wem kommuniziert.

WhatsApp ist in erster Linie für Handys gedacht. Wem es aber zu lästig ist, ständig aufs mobile Display zu schauen, der kann seine Chats auch direkt auf den PC holen. Dazu müssen beide Seiten allerdings erst gekoppelt werden. Das funktioniert so: Man gibt im Browser die Adresse https://web.whatsapp.com ein. Dort erscheint ein sogenannter QR-Code, den man mit der Kamera des Handys einscannt. Dazu wird ein QR-Scanner, den es kostenlos im App Store gibt, benötigt. Danach startet man WhatsApp, geht unter iOS zu „Einstellungen" oder unter Android zum Menü (die drei Punkte oben rechts), scrollt etwas nach unten und tippt „WhatsApp Web" an. Nun hält man die Kamera vor den PC-Bildschirm. WhatsApp wird nun auf dem PC-Bildschirm gespiegelt. Natürlich brauchen beide Geräte dazu eine aktive Internet-Verbindung.

Auf ganz ähnliche Art und Weise lässt sich WhatsApp auch unabhängig vom Browser nutzen. Dazu muss man zunächst unter https://dedg3.com/wao das kleine Gratis-Programm „Waow" (das Kürzel für „WhatsApp für Windows") für Windows herunterladen und auf dem PC installieren. Für Mac-Besitzer gibt es das gleiche Programm unter dem Namen „Waom" für Mac. Die heruntergeladene Datei ist „gepackt", um den Download klein zu halten. Das heißt, um sie zu öffnen, braucht man einen „Entpacker" wie „7 Zip", den es kostenlos unter www.7-zip.de/ gibt. Damit entpackt man die Zip-Datei und scannt wie oben beschrieben den QR-Code ein. Man kann „Waom" beispielsweise an die Windows-Startseite anheften, um immer direkt Zugriff auf WhatsApp-Chats zu haben.

Tipps zum Datenschutz: So machen Sie WhatsApp privater

Wer etwas auf Facebook, Twitter oder Instagram teilt, rechnet damit, dass das auch andere sehen. Beim Messenger WhatsApp fühlt man sich etwas privater, in etwa wie beim persönlichen E-Mail-Verkehr. Schließlich werden WhatsApp-Nachrichten ja verschlüsselt und sind so vor neugierigen Augen verborgen. Leider ist das ein Trugschluss, denn WhatsApp offenbart mehr Informationen über Sie, als Ihnen vermutlich lieb ist. So ist Ihr Profilbild für alle Mitglieder einer Chat-Gruppe sichtbar – auch für jene, die Sie vielleicht gar nicht kennen. Auch Ihre Telefonnummer wird allen Mitgliedern angezeigt, und wer die kennt, sieht auch Ihren Status mitsamt den dort geteilten Bildern und Videos. Wann Sie zuletzt online waren, kann auf diese Weise ebenso von jedem leicht nachvollzogen werden. Mit den folgenden Tipps können Sie sich schützen.

- Gehen Sie in die Einstellungen – in der Android-App über die drei Striche oben rechts, bei iOS über das Zahnrad unten rechts. Tippen Sie auf „Datenschutz" und setzen Sie „Zuletzt online/Online", „Profilbild" und „Info" auf „Meine Kontakte" oder „Niemand".
- Beim Status können Sie wählen zwischen „Meine Kontakte" oder „Teilen nur mit ...". Hier können Sie bestimmen, welche Ihrer Kontakte Ihren Status sehen dürfen. Mit „Meine Kontakte außer ..." können Sie auch gezielt einzelne Kontakte ausschließen.

- Wie erwähnt sind es insbesondere WhatsApp-Gruppen, über die möglicherweise ungewollt Privates verbreitet wird. Sie können aber immerhin selbst entscheiden, wer Sie zu einer Gruppe hinzufügen darf. Tippen Sie in den Einstellungen unter „Datenschutz" auf „Gruppen" und markieren Sie unter „Wer kann mich Gruppen hinzufügen" „Meine Kontakte" oder „Meine Kontakte außer …", um einzelne Kontakte gezielt auszuschließen.
- Werden Sie ungewollt hinzugefügt, tippen Sie im Gruppen-Chat oben auf den Gruppennamen, scrollen Sie unter „Gruppeninfo" ganz nach unten und tippen auf „Gruppe verlassen". Das sollten Sie regelmäßig auch bei älteren Chats tun, die sich erledigt haben.
- Unter „Datenschutz" und „Standard-Nachrichtendauer" sollten Sie das Minimum von 24 Stunden einstellen. Ältere Nachrichten werden dann automatisch gelöscht und können auch von anderen nicht mehr angesehen werden. Das gilt aber nur für neu begonnene Chats. In Gruppenchats können die Initiatoren („Admins") die Einstellungen so ändern, dass nur sie selbst selbstlöschende Nachrichten aktivieren können.
- An den blauen Haken erkennt man, dass Sie eine Nachricht gelesen haben. Gehen Sie zu „Datenschutz" und stellen Sie den Regler neben „Lesebestätigungen" auf „Aus".
- Unerwünschte Personen können Sie blockieren. Diese können dann weder Ihren Status noch Ihr Profilbild sehen, Ihnen natürlich auch keine Nachrichten mehr schreiben und Sie über WhatsApp nicht mehr anrufen.

No-gos: Diese Fehler sollten Sie vermeiden!

Bei den meisten Menschen haben WhatsApp-Nachrichten eine hohe Akzeptanz. Und diejenigen, die Messenger für den Niedergang der Kultur halten – nun, die sind eben nicht bei WhatsApp & Co. Trotzdem sollte man sich natürlich an die Grundregeln der Kommunikation halten, die auch in allen anderen sozialen Bereichen gelten. Falls das jemand Ihnen gegenüber nicht tut: Auf ► Seite 44f erfahren Sie, wie Sie damit umgehen können.

Es gibt aber auch einige Dinge, die Sie speziell bei WhatsApp unterlassen sollten, um verärgerte Kommunikationspartner zu vermeiden. Hier unsere Top 10 der WhatsApp-Nervensägen.

Jeden Satz in eine neue Nachricht packen. Es gibt Menschen, die offenbar einen so nervösen Zeigefinger haben, dass sie jeden einzelnen Satz gleich auf die Reise schicken. Und den nächsten gleich hinterher. Das nervt ganz besonders dann, wenn Ihr Gegenüber sich per Tonsignal über den Eingang neuer Nachrichten informieren lässt. Die Folge im Wiederholungsfall: Sie werden stummgeschaltet (► Seite 44f). Und das kann schließlich niemand wirklich wollen.

Kettenbriefe und Fake News weiterleiten. Das Weiterleiten von Nachrichten ist über WhatsApp so leicht wie mit kaum einem anderen Medium. Es gibt allerdings nicht wenige Zeitgenossen, die „leicht" mit „leichtfertig" verwechseln. Kaum ein Benutzer von sozialen Medien kann wohl von sich behaupten, noch nie ohne genaueres Hinsehen etwas weiterverbreitet zu haben. Machen Sie sich die Folgen bewusst, die eine selbst ohne böse Absicht verbreitete Falschmeldung oder ein Kettenbrief haben können. Überlegen Sie sich insbesondere in Gruppen genau, ob Sie eine Nachricht tatsächlich weitergeben müssen und was das gegebenenfalls für Ihre eigene Reputation bedeutet. Das gilt selbstverständlich auch für unangemessene Inhalte aller Art.

Ellenlange Sprachnachrichten verschicken. Nicht jeder nutzt gerne das geschriebene Wort zur Kommunikation. Das ist auch okay und unter WhatsApp kann man problemlos Sprachnachrichten verschicken (► Seite 83ff). Doch nichts ist nerviger, als ewig lange Sprachnachrichten abzuhören, deren Urheber nicht auf den Punkt kommen. Sagen Sie am besten mit dem ersten Satz, worum es geht (ähnlich der Betreffzeile bei E-Mail-Nachrichten), und fassen Sie sich kurz. Sie können nicht wissen, in welcher Situation der Empfänger Ihnen gerade zuhört und ob er wirklich Zeit und Lust hat, sich mäandernde Botschaften anzuhören.

Nichtssagende Profilbilder. Manche Nutzer wollen auf WhatsApp nicht ihr Konterfei zeigen und wählen stattdessen ein Tierbild, eine Landschaftsaufnahme oder das Logo ihres Lieblingsvereins als Profilbild. Die Privatsphäre schützt das aber nicht wirklich, sondern führt eher dazu, dass man von Menschen, mit denen man gerne kommunizieren würde, nicht gefunden und stattdessen von anderen Menschen, mit denen man eigentlich nichts zu tun haben will, verwechselt wird. Bei WhatsApp geht es um Kommunikation, und dahinter sollte man nicht nur mit seinem eigenen Namen, sondern auch mit dem eigenen Gesicht stehen.

Glückwünsche in Gruppen. Ob zum Geburtstag, zur Beförderung oder zum Jubiläum – über Glückwünsche freuen sich die meisten Menschen. In größeren WhatsApp-Gruppen werden sie aber zum Stimmungskiller, schließlich wird jeder Teilnehmer über jeden einzelnen Gruß informiert. Und ziemlich peinlich ist es außerdem, wenn die Abteilungsleiterin von jemandem „Schnäuzelchen" oder der Vereinsvorsitzende „Bärchen" genannt wird. Solche Grüße sollten privat und persönlichen Nachrichten vorbehalten bleiben.

Emojis ohne Sinn und Verstand. Stimmungssymbole, sogenannte Emojis, sind eine gute Möglichkeit, sich nonverbal und auf den Punkt verständlich zu machen. Die Umschweiflosigkeit wird allerdings schnell ad absurdum geführt, wenn man zeilenweise Emojis aneinanderreiht. Und wer nach drei lachenden Smileys oder Herzchen noch nicht verstanden hat, was der Absender sagen will, der wird es auch nach zehn nicht verstehen.

Screenshots von Chats schießen. Wenn Ihnen jemand schreibt, und zwar nur Ihnen, gibt es dafür sicher Gründe. Einen Screenshot anzufertigen, um anderen zu zeigen, was Ihnen XY geschrieben hat, ist ein Vertrauensbruch und gehört zu den absoluten No-gos!

In Gruppenchats immer allen antworten. Es ist immer nett, wenn der Absender weiß, dass seine Botschaft angekommen ist. Doch nicht immer ist es sinnvoll, dass man die gesamte Gruppe darüber informiert. Bei Gruppen mit über 20 Mitgliedern kann das leicht nerven. Tippen Sie einfach auf den Namen des Absenders und antworten Sie nur ihm!

Uralte Memes und Sinnsprüche verschicken. Ältere erinnern sich: Früher verschickte man so etwas per Fax. Die Papierverschwendung ist zum Glück passé, trotzdem können schon 1.000-mal gesehene Botschaften wie „Nutze den Tag!" zum Ärgernis werden, vor allem, wenn sie von einzelnen Personen massenhaft verschickt werden.

Urheberrecht missachten. Gerade in größeren Gruppen wie etwa von Vereinen sollten Sie daran denken, dass das Versenden von Fotos, Grafiken oder kompletten Artikeln gegen das Urheberrecht verstoßen kann.

WhatsApp für Fortgeschrittene

Back-ups und Gerätewechsel

In diesem Kapitel erfahren Sie, wie Sie verhindern können, dass beim Gerätewechsel oder -verlust ältere Chats und Inhalte verloren gehen.

Die meisten Menschen nutzen heute mehr als ein Handy oder legen sich irgendwann ein neues zu. Leider ist WhatsApp immer nur auf einem Gerät nutzbar, sodass nach einem Wechsel oft der Schreck folgt: Alle Chats und versendeten Inhalte sind weg! Auch bei defektem oder verlorenem Handy ist guter Rat oft teuer. Daher unser dringender Rat: Machen Sie ein Back-up, zumindest von Ihren wichtigsten Chats und Medien! Keine Sorge: Das ist im Grunde ganz einfach. Dass dieses Kapitel dennoch relativ lang geworden ist, liegt daran, dass es je nach Gerät und Art des Back-ups doch teilweise wichtige Unterschiede gibt.

Back-up erstellen

Unter Android

Als Speicher wird bei Android der Google-Speicher benutzt. Das setzt voraus, dass Sie mit Ihrem Google-Konto auf Ihrem Gerät angemeldet sind und sowohl

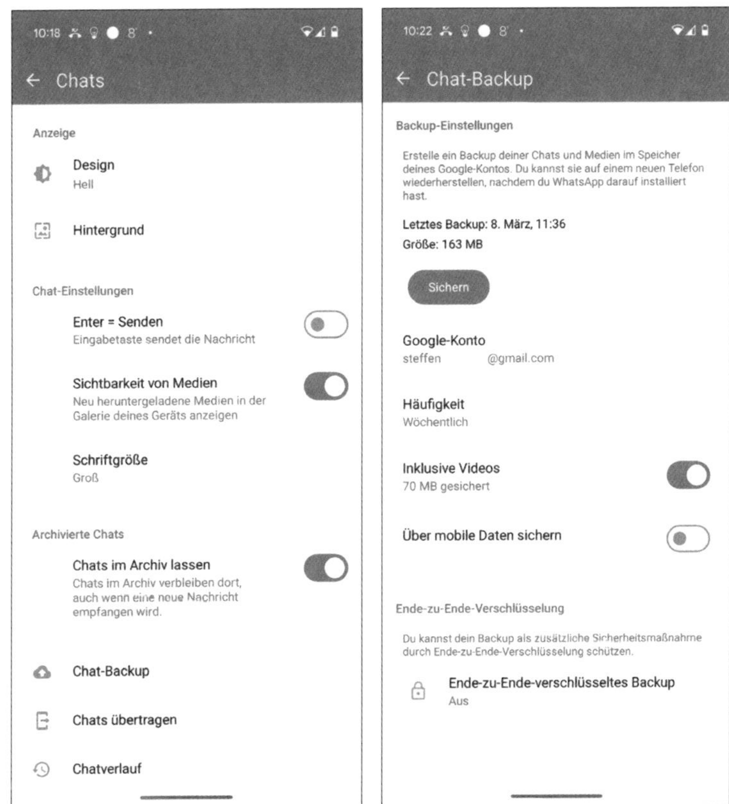

auf dem Gerät selbst als auch in dem mit Ihrem Konto verknüpften Online-Speicher – im Falle von Android Google Drive – genügend Speicherplatz vorhanden ist. Außerdem müssen Sie über eine stabile Internetverbindung verfügen. In der Regel machen Sie das Back-up in einem WLAN, wo das der Fall sein sollte. Nur in Ausnahmefällen sollten Sie ein Back-up über die Mobilfunkverbindung machen. Wie das geht, wird in dieser Anleitung ebenfalls beschrieben. Mit dieser Anleitung sichern Sie **alle Chats** gleichermaßen.

- Gehen Sie über die Hauptansicht WhatsApp zu „Einstellungen" und tippen Sie auf „Chats".
- Tippen Sie in der unteren Bildschirmhälfte auf „Chat-Back-up".
- Unter „Google Konto" sollte das Konto stehen, auf dem Sie das Back-up speichern wollen. Ist das nicht der Fall, tippen Sie darauf,

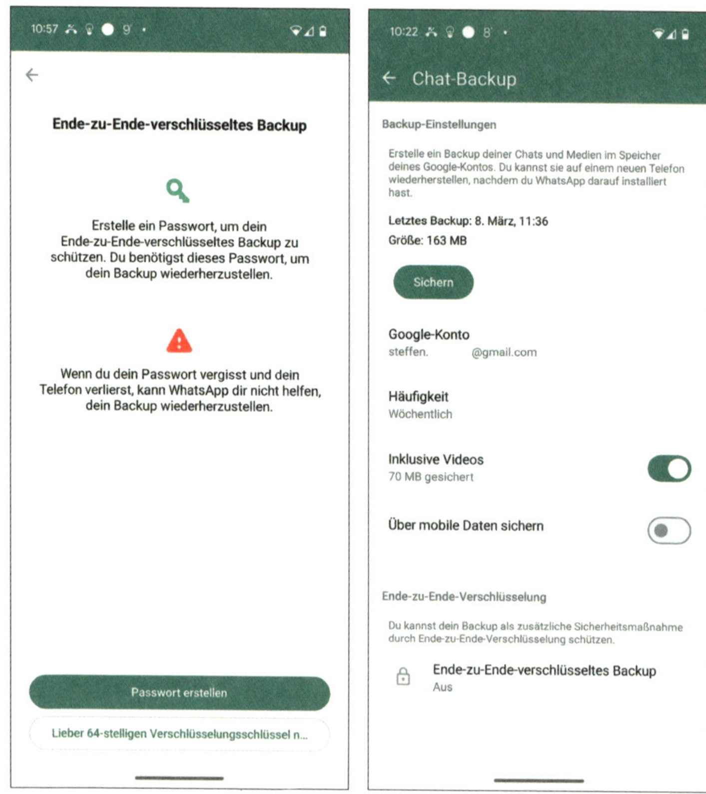

dann auf „Konto hinzufügen" und folgen Sie den Anweisungen auf dem Bildschirm.

- Tippen Sie auf „Sichern". In den Zeilen darüber wird angezeigt, wann Ihr letztes Back-up durchgeführt wurde und wie viel Platz das neue Back-up auf Ihrem Google-Drive-Speicher in Anspruch nehmen wird. Melden Sie sich im Zweifel über die Adresse https://www.google.com/intl/de/drive/ mit Ihren Android- oder Google-Zugangsdaten bei Google Drive an, um zu sehen, ob der Speicherplatz reicht.
- Um den benötigten Speicherplatz zu reduzieren, können Sie die besonders speicherplatzbeanspruchenden Videos ausschließen, indem Sie den Schalter bei „Inklusive Videos" deaktivieren.
- Müssen Sie das Back-up schnell erstellen, können Sie zur Not statt eines WLAN auch Ihre Mobilfunkverbindung dafür nutzen. Aktivieren

Sie dazu „Über mobile Daten sichern". Denken Sie daran, dass dabei Datenübertragungsgebühren anfallen können.
- Um einen besonderen Schutz Ihrer Daten zu gewährleisten, tippen Sie unten auf „Ende-zu-Ende-verschlüsseltes Back-up" und folgen Sie den weiteren Anweisungen auf dem Bildschirm. In diesem Fall werden Ihre Daten nicht nur verschlüsselt übertragen, sondern auch verschlüsselt gespeichert. Dabei müssen Sie wahlweise ein Passwort vergeben oder einen 64-stelligen Schlüssel erzeugen.

TIPP. Lassen Sie WhatsApp automatisch regelmäßige Sicherungen Ihrer Chats durchführen. Tippen Sie dazu auf „Häufigkeit" und wählen Sie zwischen „Täglich", „Wöchentlich" und „Monatlich".

Unter iOS

Manuelles Back-up. Sie können jederzeit ein manuelles Back-up Ihrer Chats in iCloud erstellen. Gehen Sie dazu in die Einstellungen, „Chats", „Chat-Back-up" und tippen Sie auf „Back-up jetzt erstellen". Dafür müssen drei Voraussetzungen erfüllt sein:

- Sie müssen dieselbe Telefonnummer und dasselbe iCloud-Konto, mit denen das Back-up erstellt wurde, benutzen.
- Ihr iPhone verfügt über das neueste iOS.
- Der freie Speicher in Ihrer iCloud und auf Ihrem iPhone muss mindestens doppelt so groß sein wie Ihr Back-up.

Automatisches Back-up. Gehen Sie in die Einstellungen, „Chats", „Chat-Back-up" und tippen Sie auf „Autom. Back-up". Sie können zwischen täglichem, wöchentlichem und monatlichem Back-up wählen. Sie können außerdem wählen, ob Sie Videos beim Back-up einschließen wollen oder nicht. Denken Sie daran, dass dafür genügend Speicherplatz vorhanden sein muss. Das ältere Back-up wird dabei jeweils überschrieben.

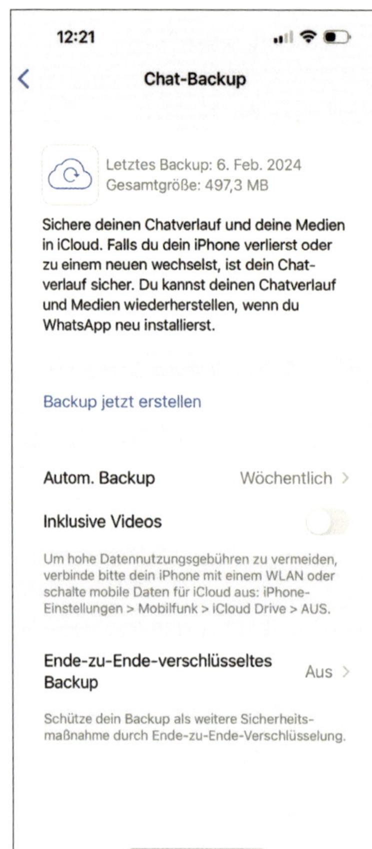

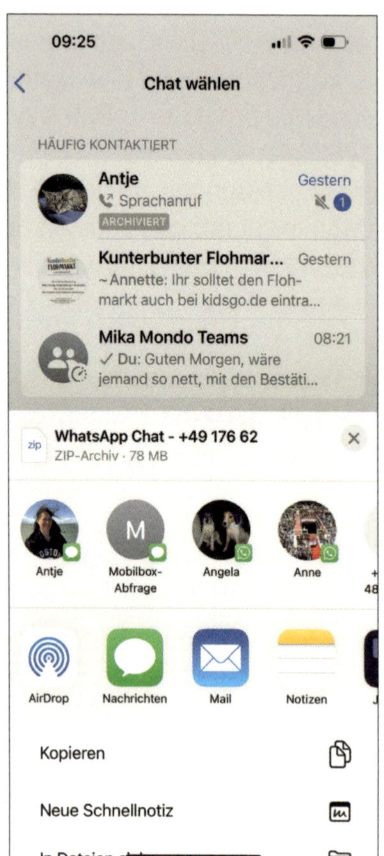

GUT ZU WISSEN. Aktivieren Sie „Ende-zu-Ende-verschlüsseltes Back-up" und schützen Sie Ihre gespeicherten Daten mit einem Passwort. Damit sind Ihre Chats auch dann vor fremdem Zugriff geschützt, wenn Sie Ihr Telefon verlieren.

Chatverläufe übertragen von iPhone

Auf dem iPhone ist die Chat-Verwaltung übersichtlicher als bei Android. Aber möglicherweise ist das auch Geschmackssache. Tippen Sie unten rechts auf „Einstellungen" und dann auf „Chats".

- Ist Ihr neues Telefon ein Android-Modell, müssen Sie beide Geräte per USB-Kabel miteinander verbinden. Tippen Sie dann auf „Chats auf Android übertragen“ und „Starten“. Die Daten werden nun für die Übertragung vorbereitet. Wechseln Sie zu Ihrem neuen Gerät und folgen Sie dort den weiteren Anweisungen.
- Ist Ihr neues Telefon wieder ein iPhone, tippen Sie auf „Chats auf iPhone übertragen“. Auf dem alten iPhone erscheint ein QR-Code, den Sie mit der Kamera des neuen Geräts einscannen müssen.

Einzelne Chats sichern

Möchten Sie nur **einzelne** Chats sichern, dann ist der Weg zum Back-up ein anderer als bei einer kompletten Sicherung.

- Gehen Sie von der Hauptseite über „Chats“ zu dem Chat, den Sie sichern wollen.
- Tippen Sie auf die drei Punkte oben rechts (hinter denen sich wie erwähnt ganz andere Einstellungen verbergen als in den Einstellungen der Hauptseite).
- Tippen Sie auf „Mehr“ und „Chat exportieren“. Wählen Sie zwischen den Optionen „Einschließlich Medien“ oder „Ohne Medien.
- Nun können Sie den Chat versenden, wobei die angebotenen Optionen von den Apps abhängen, die auf Ihrem Smartphone installiert sind. Um alle Optionen zu sehen, müssen Sie unter Umständen vom unteren Bildschirmrand kurz nach oben wischen.

- Sie können hier einen Online-Speicher wie Google Drive oder OneDrive verwenden. Oder schicken Sie sich das Back-up selbst per E-Mail-Nachricht. Ihr ist der Chat nun als Datei im Zip-Format angehängt. Speichern Sie diese auf Ihrer Festplatte und öffnen Sie sie mit einem Doppelklick. Fotos sind nun als JPG-Dateien gespeichert, die Nachrichten selbst liegen als Textdokument vor, das Sie mit Word oder in einer anderen Textverarbeitung öffnen können.

TIPP. Hoffentlich führen Sie Ihre Chat-Back-ups aus erfreulichen Anlässen durch, etwa um die Konversation mit geschätzten Menschen aufzubewahren. Werden Sie über WhatsApp dagegen beschimpft oder bedroht, sollten Sie unbedingt daran denken, auch solche unerfreulichen Chats zu sichern. Das gibt Ihnen im Ernstfall einer späteren eventuell sogar rechtlichen Auseinandersetzung die Möglichkeit, den Vorgang oder sogar eine Straftat zu beweisen.

Medien sichern

Auf Nummer sicher gehen Sie mit dem oben beschriebenen Weg, Ihre Inhalte zu speichern. Damit umgehen Sie auch kostenpflichtige Apps zur Datensicherung über den PC wie Mobiletrans (https://mobiletrans.wondershare.com/de/). Diese bieten sich an, wenn man sehr viele Daten übertragen muss oder man sich die Sache einfach machen möchte. Es geht aber auch noch einfacher.

Videos und Fotos finden Sie in WhatsApp in den „Einstellungen" unter „Speicher und Daten" und „Speicher verwalten". Auch von dort können sie gespeichert oder verschickt werden. Alternativ tippen Sie in den „Einstellungen" auf „Verknüpfte Geräte" und „Gerät hinzufügen". Geben Sie in Ihrem Browser die

Wo sind meine Back-ups?

Wie findet man die Back-ups wieder? Die etwas ernüchternde Antwort lautet: gar nicht. Denn alle Chats sind „von Ende zu Ende verschlüsselt" und können daher in der iCloud beziehungsweise, falls Sie ein Android-Gerät haben, im Google Drive nicht angezeigt werden. Sie können sie auf dem neuen Gerät nur wiederherstellen, indem Sie nach der Neuanmeldung bei WhatsApp den Anweisungen zur Wiederherstellung folgen, die dann automatisch angezeigt werden sollten.

Adresse https://web.whatsapp.com/ ein und scannen Sie mit Ihrer Handykamera den dort angezeigten QR-Code. Nun können Sie direkt am PC Inhalte aus Ihren Chats herunterladen, die dort angezeigten Texte kopieren oder Screenshots machen.

Wie funktionieren „Communitys"?

Sogenannte „Communitys" gehören zu den relativ neuen Funktionen von WhatsApp. Ganz allgemein gesagt geht es dabei darum, größere Gruppen zu verwalten, die ihrerseits aus mehreren Gruppen bestehen können. Dabei denkt man zuerst an Organisationen mit vielen Mitgliedern oder Großveranstaltungen mit vielen Gästen. Aber auch im privaten Umfeld kann es durchaus sinnvoll sein,

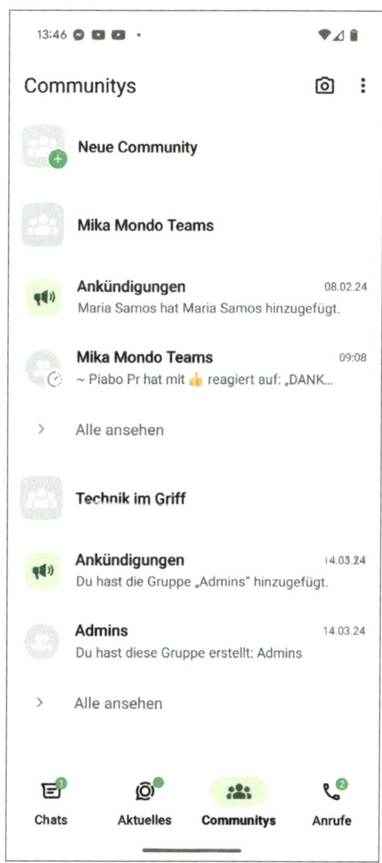

eine Community zu gründen. Am besten lässt sich das an einem Beispiel erklären. Nehmen wir an, Sie möchten ein Straßenfest organisieren. Dann gründen Sie zunächst eine Community mit einem Namen wie „Sommerfest XY-Straße".

Bei Android-Smartphones finden Sie die Community-Funktion auf der Hauptseite im Reiter links, sie wird durch ein Gruppen-Symbol mit drei stilisierten Personen symbolisiert. Bei iPhones ist das Symbol unten rechts. Tippen Sie auf „Neue Community" und dann auf „Los geht's". Geben Sie einen Namen ein. Tippen Sie dann unten auf „Gruppe hinzufügen". Das kann eine neue („Neue Gruppe erstellen") oder bereits bestehende („Vorhandene Gruppe hinzufügen") Gruppe sein. Auch einzelne Nutzerinnen und Nutzer lassen sich hinzufügen oder, falls sie noch nicht bei WhatsApp sind, mittels eines via SMS versendeten Link einladen.

Die Gruppenmitglieder können nur innerhalb der Untergruppen miteinander kommunizieren, nicht mit allen Teilnehmern in der Community. Um Letzteres zu ermöglichen, müssen Sie eine neue Untergruppe für alle erstellen. Jede Untergruppe wird also immer neu zusammengestellt, Sie müssen also jedes Mitglied erneut hinzufügen.

Das Entscheidende ist, dass den Untergruppen in einer Community unterschiedliche Aufgaben zugewiesen werden. In unserem Beispiel könnte man etwa ortsansässige Unternehmen, Vereine oder Hausgemeinschaften als Gruppen hinzufügen. Zusätzlich könnte man dann Gruppen neu gründen, die für bestimmte Organisationsaufgaben zuständig sind, etwa „Orga-Leitung", „Leibliches Wohl", „Musikalisches Rahmenprogramm".

Der Sinn des Ganzen: In einer Community kann man zielgerichtet kommunizieren, ohne dass bei größeren Mitgliederzahlen – wie man das oft in sozialen Netzwerken wie Facebook beobachten kann – ein großes kommunikatives Chaos ausbricht. Und nach Community kann man nicht suchen. Das verhindert, dass sich unerwünschte Gäste – im Netzjargon spricht man von Trollen – einschleichen, die schlechte Stimmung verbreiten oder ausschließlich Werbung in eigener Sache machen wollen.

Die Community-Admins sind für die Erstellung und Verwaltung ihrer Communitys verantwortlich. Sie entscheiden, welche Gruppen in ihre Community aufgenommen werden, und können umgekehrt auch ganze Gruppen oder einzelne Mitglieder aus der Community entfernen und unangemessene Inhalte aus einem Chat löschen. Allgemeine Ankündigungen, die in sämtlichen Untergruppen für alle erscheinen, können nur von Admins erstellt werden. Das geht über die automatisch erstellte Ankündigungsgruppe, die Sie am Megafon-Symbol erkennen.

Gruppenmitglieder behalten bei alldem die Kontrolle über ihre Interaktionen: Sie entscheiden, wer sie einer Gruppe hinzufügen kann, können Missbrauch melden, Konten blockieren und Communitys, denen sie nicht mehr angehören wollen, verlassen, ohne dass die anderen Mitglieder darüber informiert werden.

Wie Chats so sind auch Communitys privat, alle Nachrichten werden durch eine Ende-zu-Ende-Verschlüsselung geschützt. Nur Mitglieder der jeweiligen Gruppen können die Nachrichten sehen. WhatsApp verspricht, dass sensible Daten aus Chats von Organisationen, Unternehmen und privaten Gruppen vor unbefugtem Zugriff geschützt sind. Dazu gehört auch, dass die Telefonnummern von Community-Mitgliedern vor anderen Mitgliedern verborgen bleiben. Sie werden nur den Community-Admins sowie anderen Mitgliedern in derselben Gruppe angezeigt. Unerwünschte Kontaktaufnahme oder das Sammeln von Telefonnummern werden damit unterbunden.

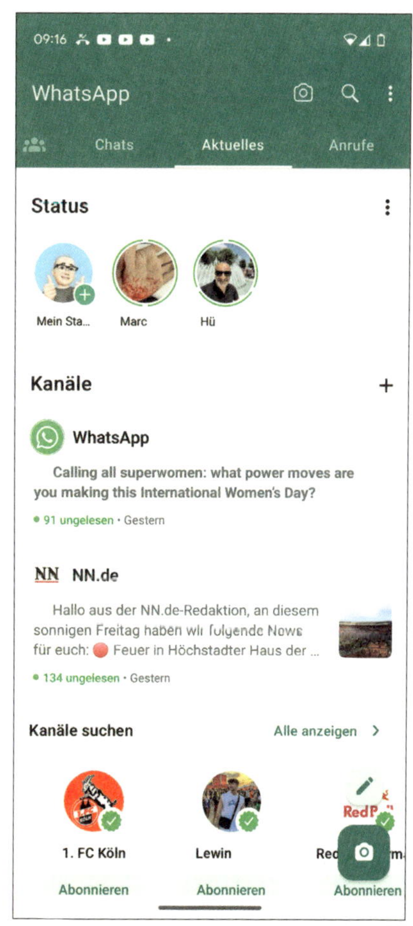

Wie funktionierten „Kanäle"?

Wie eingangs erläutert, gehört WhatsApp zur Meta-Gruppe. Diese setzt wie alle Wirtschaftsunternehmen auf Wachstum. Zu den diesbezüglichen Bestrebungen gehören auch die „Kanäle". Sie finden Sie auf der Hauptseite im Reiter „Aktuelles", also dort, wo auch Ihr eigener Status angezeigt wird.

Kanäle werden von Unternehmen, aber auch von Privatpersonen angeboten. Man muss sie abonnieren, aber sie sind prinzipiell kostenlos. Tippen Sie auf das Plus-Symbol auf der rechten Seite und dann auf „Kanäle suchen". Hier können Sie über die Kategorien-Auswahl oben Vorschläge einblenden

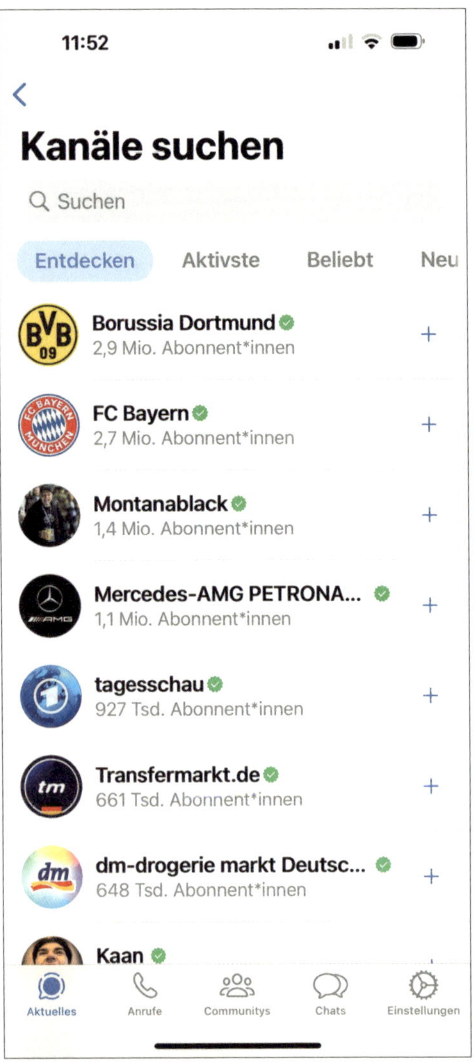

und durch Tippen auf das Plus-Symbol den gewünschten Kanal direkt abonnieren. Alternativ tippen Sie auf das Lupen-Symbol oben rechts und geben einen Suchbegriff ein.

Die abonnierten Kanäle erscheinen nun unter „Aktuelles" und werden automatisch mit neuen Nachrichten gefüttert. Standardmäßig ist die Benachrichtigung per Audio-Signal beim Eingang einer neuen Nachricht deaktiviert. Öffnen Sie einen Kanal, indem Sie darauf tippen. Oben rechts sehen Sie ein durchgestrichenes Glocken-Symbol. Tippen Sie darauf, um die Audiobenachrichtigungen für diesen Kanal zu aktivieren. Tippen Sie auf die drei Punkte ganz rechts und auf „Nicht mehr abonnieren", um das Abo zu beenden. Unter „Kanalinfo" finden Sie weitere Informationen zu dem jeweiligen Kanal.

Über das Plus-Symbol neben „Kanäle" im Reiter „Aktuelles" können Sie auch einen eigenen Kanal erstellen. Sie werden Schritt für Schritt durch den Vorgang geleitet. Deshalb und da dieses Buch sich primär an Einsteiger richtet, die WhatsApp vorzugsweise zur privaten Kommunikation nutzen, wird das Erstellen eines eigenen Kanals hier nicht weiter thematisiert.

Was ist WhatsApp Business?

Während WhatsApp ansonst komplett kostenlos ist, kostet diese Version, die man ebenfalls aus dem Play Store und dem App Store herunterladen kann, rund 6 Euro pro Monat. Aber wozu gibt es diese Version überhaupt? Wie es der Name

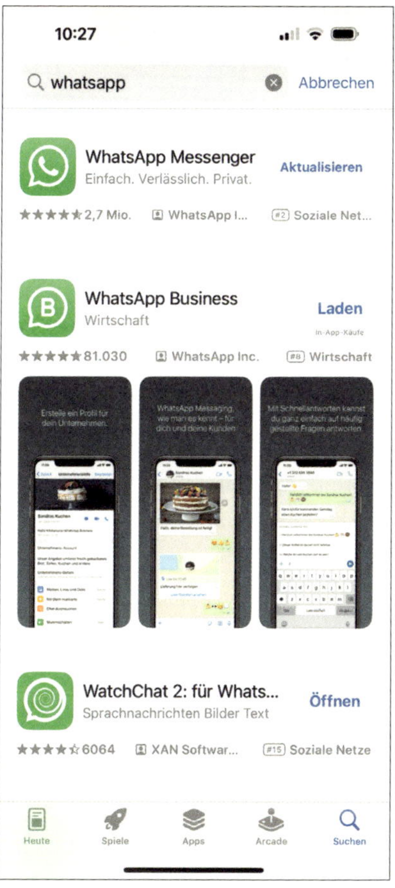

schon sagt, wurde sie speziell für kleinere Unternehmen und die professionelle Nutzung entwickelt. WhatsApp Business soll die Kommunikation mit Kunden erleichtern und bietet dafür Funktionen zum Automatisieren, Ordnen und schnellen Beantworten von Nachrichten mithilfe von speziellen Nachrichtentools. Im Unternehmensprofil können Sie alle wichtigen Informationen wie Geschäftsadresse, E-Mail-Adresse und Webseite angeben. Chats und Nachrichten lassen sich dank Labels (die in der Standardversion von WhatsApp nicht vorhanden sind) leicht finden und organisieren.

Tipps und Tricks

Nachrichten merken

Irgendwann hat man einfach viel zu viele Chats im Speicher und findet nicht mehr, was man sucht. Wenn Ihnen beispielswiese jemand eine Adresse sendet, müssen Sie später unter Umständen lange scrollen, bis Sie sie gefunden haben. Besser, Sie markieren wichtige Informationen gleich beim Empfang. Tippen Sie auf die betreffende Nachricht, halten Sie sie kurz gedrückt und tippen Sie dann auf den Stern in der Menüleiste, die oben auf dem Bildschirm erscheint. Tippen Sie in der Hauptansicht auf die drei Punkte oben rechts und auf „Mit Stern markiert", um die Information schnell zur Hand zu haben.

VIPs festlegen

Nicht jede Gruppe ist gleich wichtig, doch es kann vorkommen, dass „Very Important Persons" oder Gruppen wie „Familie" ganz weit nach unten rutschen, weil andere Gruppen zuletzt aktiver waren. Tippen Sie auf eine Gruppe, halten Sie sie kurz gedrückt, bis im Profilbild ein grün hinterlegtes Häkchen erscheint. Bei Bedarf können Sie nun weitere Gruppen auswählen, indem Sie sie kurz antippen. Tippen Sie dann auf das Pinn-Symbol in der oberen Menüleiste. Die ausgewählten Gruppen stehen nun immer ganz oben in der Liste.

Speicher aufräumen

Seit einiger Zeit kann man mittels des Büroklammer-Symbols im Eingabefeld Dateien und mit dem Foto-Symbol auch Bilder verschicken. Das alles belastet aber den Speicher, der auf Mobilgeräten nach wie vor knapp ist. Tippen Sie in der Hauptansicht auf die drei Punkte oben rechts, dann auf „Einstellungen". Tippen Sie auf „Speicher und Daten" und dann auf „Speicher verwalten". Die Chats sind der Größe nach geordnet. Tippen Sie auf einen davon, um Inhalte gezielt zu löschen.

Chats besser lesbar machen

Haben Sie manchmal Probleme, Chats auf dem kleinen Handydisplay zu lesen? Gehen Sie in die „Einstellungen" und tippen Sie auf „Chats". Stellen Sie unter „Chat-Einstellungen" die Schriftgröße auf „Groß". Unter „Design" können Sie die Anzeige von „Hell" auf „Dunkel" stellen. Tippen Sie auf „Hintergrund" und „Ändern". Hier gibt es die Bereiche „Leuchtend", „Dezent" und „Einfarbig. Auch das kann Ihnen helfen, Inhalte besser sichtbar zu machen. Über „Meine Fotos"

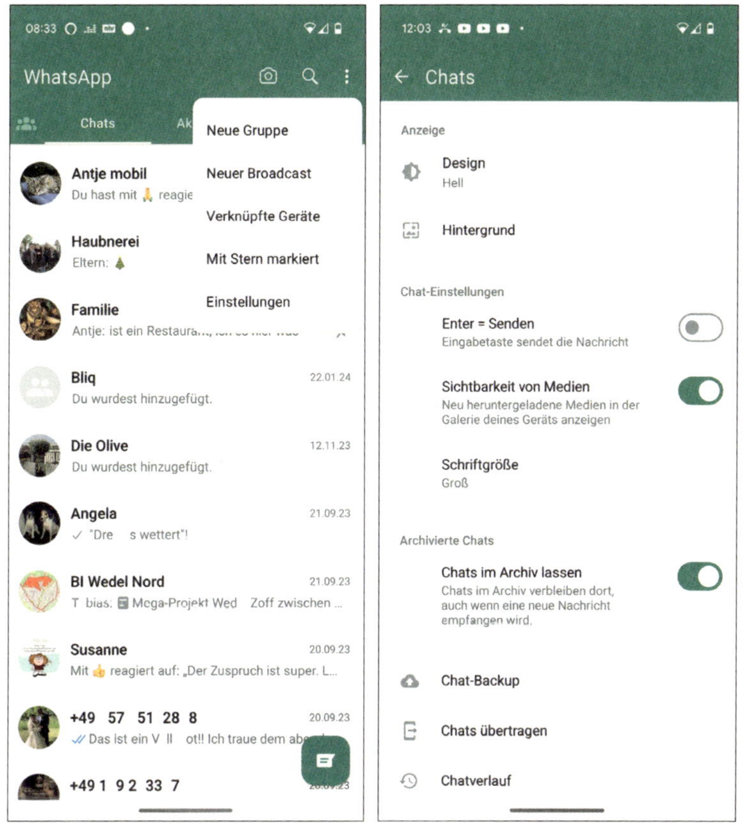

können Sie sogar eigene Aufnahmen als Hintergrund wählen. Das mag keinen Einfluss auf die Lesbarkeit haben, macht WhatsApp dafür aber ein ganzes Stück persönlicher.

WhatsApp am PC nutzen

Vielen Menschen fällt es nicht leicht, auf dem kleinen Handybildschirm Texte zu lesen und auch noch zu verfassen. Wäre es nicht ausgesprochen praktisch, WhatsApp am PC oder am Laptop nutzen zu können? Die gute Nachricht ist: Das geht tatsächlich, und man braucht dafür auch kein technisches Fachwissen. So funktioniert's:

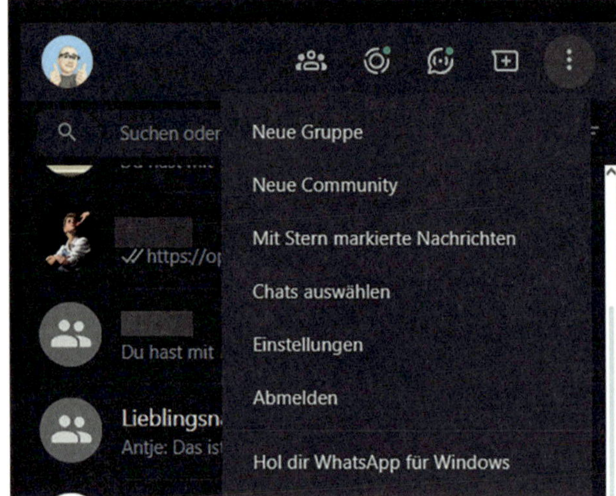

- Geben Sie in Ihren Browser – ganz egal, ob es sich um Chrome, Firefox, Edge oder eine andere Surfsoftware handelt – diese Adresse ein: https://web.whatsapp.com/
- Gehen Sie dann in der WhatsApp-App in den Bereich „Chats", tippen Sie dort auf die Drei-Punkte-Taste und auf „Verknüpfte Geräte".
- Tippen Sie auf „Gerät hinzufügen".
- Nun scannen Sie mit der Smartphone-Kamera den QR-Code ein, der auf Ihrem PC-Bildschirm angezeigt wird.
- WhatsApp ist nun mit Ihrem PC bzw. dem Browser verknüpft, was unter „Verknüpfte Geräte" angezeigt wird. Sie können mehrere Geräte verknüpfen, hier gibt es also, anders als beim Smartphone, keine Limitierung.

- Klicken Sie in der PC-Version von WhatsApp oben links auf „Benachrichtigungen aktivieren", dann werden Sie nicht nur am Smartphone, sondern auch am PC über neu eingegangene Nachrichten informiert.

Nun können Sie Nachrichten ganz einfach mit Tastatur und Maus verfassen, beantworten und verwalten.

GUT ZU WISSEN. Es werden nur jene Chats synchronisiert, die Sie bereits am PC aufgerufen haben. Klicken Sie in der Nachrichtenübersicht eines Chats auf die Zeile „Klicke hier, um ältere Nachrichten von deinem Telefon abzurufen", um alle Nachrichten dieses Chats auf den PC zu übertragen.

Die Menüleiste findet sich oberhalb der Chat-Übersicht und sieht etwas anders aus als auf dem Handy. Von links nach rechts finden Sie dort:

- **Profil.** Wenn Sie hier Änderungen vornehmen, werden diese auch auf die Smartphone-Version von WhatsApp übertragen.
- **Communitys, Status und Kanäle.** Die Funktionen sind weitgehend gleich wie auf dem Smartphone.
- **Neuer Chat.** Hiermit wird eine neue Konversation gestartet, die bei Bedarf auf dem Smartphone weitergeführt werden kann.
- **Einstellungen.** Die Funktionen kennen Sie ebenfalls bereits aus der Smartphone-Version. Beachten Sie hier aber ganz besonders die Option „Abmelden". Wenn Sie WhatsApp am PC nutzen, sollten Sie sich unbedingt nach jeder Sitzung abmelden. Denn nur so ist gewährleistet, dass sich niemand unbefugt Zugang zu Ihren WhatsApp-Unterhaltungen verschaffen kann. Das gilt natürlich ganz besonders, wenn Sie WhatsApp Web an einem fremden PC oder einem Firmenrechner verwenden.

Klicken Sie auf den Textlink „Hol dir WhatsApp für Windows", um einen PC-Client (eine kleine Software-Applikation zur Nutzung von WhatsApp außerhalb des Browsers) herunterzuladen. Das sollten Sie tun, wenn Sie WhatsApp regelmäßig auf dem PC verwenden.

Haben Sie einen bestimmten Chat angeklickt, finden Sie direkt über dem Nachrichtenfeld auf der rechten Seite eine weitere Menüleiste bestehend aus Profilbild und Name des Kontakts, „Anrufe", „Suche" und „Einstellungen".

- **Profilbild und Name des Kontakts** (oben links). Klicken Sie darauf, wird rechts neben der Nachrichtenübersicht die Kontaktinfo dieses Kontakts angezeigt. Hier haben Sie diverse Optionen und können beispielsweise von diesem Kontakt versendete Medien auf Ihren PC herunterladen, die Benachrichtigungen für diesen Kontakt stummschalten, selbstlöschende Nachrichten aktivieren (► Seite 64f) oder den Kontakt blockieren. Denken Sie auch hier daran, dass diese Änderungen nicht nur auf dem PC, sondern allgemein für WhatsApp gelten.
- **Anrufe** (oben rechts). Hinter dem Kamera-Symbol verbirgt sich ein Link zum Download einer kostenlosen Software, mit der Sie WhatsApp-(Video-)Telefonate am PC führen können.
- **Suche.** Ein Klick auf das Lupen-Symbol öffnet eine Suchleiste, über die Sie innerhalb des geöffneten Chats nach Stichwörtern suchen können, um bestimmte Nachrichten wiederzufinden.
- **Einstellungen** (Drei-Punkte-Taste). Auch hier finden sich wieder diverse Einstellungen, die sich, wie auch schon die Einstellungen auf der Profilseite des Kontakts, ausschließlich auf diesen Kontakt beziehen.

„Begleitendes Gerät" anmelden

Laden Sie WhatsApp aus dem Google Play Store auf das Handy herunter, das Sie verknüpfen und als Zweitgerät verwenden möchten.

- Öffnen Sie die App.
- Tippen Sie auf „Zustimmen & fortfahren".
- Im Fenster „Gib deine Telefonnummer ein" tippen Sie auf die drei Punkte rechts oben und dann auf „Als begleitendes Gerät verknüpfen". Nun sollte ein QR-Code angezeigt werden.

- Öffnen Sie WhatsApp auf Ihrem Hauptgerät.
- Bei Android-Geräten tippen Sie auf die drei Punkte rechts oben und auf „Verknüpfte Geräte". Bei iPhones und iPads wählen Sie Einstellungen und „Verknüpfte Geräte".
- Tippen Sie auf „Gerät hinzufügen".
- Scannen Sie mit der Kamera des Hauptgerät den QR-Code auf dem Bildschirm des Zweithandys mit der Kamera des Hauptgeräts.

HINWEIS. Bestimmte Aktionen können Sie nur mit dem „Hauptgerät" durchführen, beispielsweise Statusänderungen.

WhatsApp-Speicher freiräumen

Speicherplatz ist immer rar, deshalb sollten Sie von Zeit zu Zeit Ihren WhatsApp-Speicher aufräumen.

- Gehen Sie dazu in die Einstellungen (unter Android über die Drei-Punkte-Taste, unter iOS über den Bereich „Einstellungen" unten rechts) und dort zu „Speicher und Daten".
- Tippen Sie nun auf „Speicher verwalten". Ganz oben sehen Sie nun eine Gesamtübersicht Ihres verwendeten und noch verfügbaren Speichers. Unter „Dateien prüfen und löschen" werden Dateien der Größe nach angezeigt. Etwas weiter unten sind Ihre Chats und Kanäle – praktischerweise nach der Menge der Daten geordnet, die sich darin angesammelt haben.
- Tippen Sie auf die Datei, den Chat oder den Kanal, aus dem Sie Medien löschen wollen und wählen Sie gezeitl aus, welche Sie entfernen wollen.
- Tippen Sie nun auf das Mülleimer-Symbol (Android: oben rechts, iOS: unten rechts).

Text gestalten

Die Standardtastatur auf dem iPhone ist leider längst nicht so flexibel wie das Android-Gboard (► Seite 51f). Mit ein paar Tricks können Sie Ihre Texte trotzdem aufwerten.

- Sternchen, Tilde und Unterstrich sind auf der Sonderzeichen-Ebene der iOS-Tastatur zu finden. Sie erreichen sie über die Taste ABC/123 rechts neben der Leerzeichen-Taste und über die Sonderzeichen-Taste direkt darüber.
- Ein Sternchen (*) vor und nach einem Wort oder Satz fettet den Text.
- Ein Unterstrich (_) vor und nach einem Wort oder Satz setzt den Text kursiv.
- Eine Tilde (~) vor und nach dem Text streicht den Begriff durch.
- Leider etwas umständlich und daher nur für längere Texte zu empfehlen, dafür aber sehr effektvoll: der Text in Schreibmaschinen-Lettern („Monospace")
- Halten Sie die Apostroph-Taste auf der Ziffern-Ebene und wählen Sie dann Accent Grav aus. Setzen Sie dann drei Accent Grave vor den Text und einen danach.
- Sie können Empfänger Ihrer Nachrichten auch mit besonderen Schriftarten verblüffen. Auch für eine auffällige Statusmeldungen bietet sich dieser Trick an. Dafür brauchen Sie einen sp genannten ASCII-Text-Generator.
- Gehen Sie in Ihrem mobilen Browser beispielsweise auf die Seite http://fsymbols.com/generators/carty und geben Sie den gewünschten Text in ein Eingabefeld ein.
- Tippen Sie neben dem Textdesign, das Ihnen am besten gefällt auf „Copy".
- Wechseln Sie zu WhatsApp, tippen Sie auf das gewünschte Textfeld, halten den Sie den Finger etwas darauf und wählen Sie dann „Einfügen".

Whatsapp mit Face-ID absichern

Zu den besten Funktionen des iPhone gehört die Gesichtserkennung. Die können Sie auch zum Absichern von WhatsApp nutzen – beispielsweise für den Fall, dass Sie Ihr Smartphone zeitweilig einer anderen Person überlassen.

- Gehen Sie in den Einstellungen zu „Privatsphäre" und „Bildschirmsperre".
- Aktivieren Sie „Face ID erforderlich" und legen Sie eine Zeit fest, nach der Ihr iPhone nach Inaktivität gesperrt werden soll.

Medien gezielt in Whatsapp suchen

Diese Funktion gibt es aktuell nur auf dem iPhone.

- Gehen Sie unter „Chats" zum Suchfeld ganz oben (eventuell müssen Sie dafür kurz von oben nach unten wischen).
- Geben Sie einen Suchbegriff ein und wählen Sie ein Medium, als „Fotos", „GIFs", „Dokumente" etc.

Auf diese Weise können Sie gezielt nach bestimmten Inhalten suchen.

Emojis, GIFs und Sticker

Manchmal fehlen einem einfach die Worte – oder man kann sich mit Bildern einfach besser ausdrücken. Für diese Fälle gibt es die sogenannten Emojis (auch Smileys genannt), die der Darstellung von Stimmungen und Gefühlen dienen. Inzwischen gibt es unzählige davon, und neben Emotionen lässt sich damit auch so gut wie jede andere Alltagssituation beschreiben. Diese beiden typischen Anwendungssituationen gibt es bei WhatsApp:

- Sie schreiben eine neue Nachricht (► Seite 48f) und fügen ein oder mehrere Emojis hinzu. Tippen Sie dazu unten links auf das Emoji-Symbol. Sie sind nach Kategorien geordnet. Streichen Sie waagrecht

über die angezeigten Emojis, um die Kategorie zu wechseln, oder tippen Sie unten auf ein Symbol in der Auswahlleiste, um direkt zu den Bereichen wie „Tiere", „Essen", „Sport" zu springen. Nach einer Weile werden Ihnen unter „Oft benutzt" die Emojis angezeigt, die Sie schon öfter verwendet haben.
- Wollen Sie auf eine Nachricht per Emoji reagieren, tippen Sie auf die betreffende Nachricht und halten Sie den Finger kurz darauf. Oberhalb der Nachricht wird Ihnen nun eine kleine Emoji-Auswahl angezeigt. Ist das gewünschte Symbol nicht dabei, klicken Sie auf das Plus-Zeichen, um zur Gesamtübersicht zu gelangen.

GIFs und Sticker

Tippen Sie beim Verfassen einer Nachricht auf das Sticker-Symbol ganz rechts im Eingabefeld. Über die Leiste oben in dem nun eingeblendeten Fenster können Sie eines der Folgenden wählen.

- **GIFs**, also animierte Bilder und Kurzvideos. Streichen Sie von unten nach oben auf dem Bildschirm, um weitere GIFs angezeigt zu bekommen.
- (nur iOS) **Kurzanimationen Ihres Avatars.** Streichen Sie von unten nach oben auf dem Bildschirm, um weitere Avatar-Animationen angezeigt zu bekommen.
- **Sticker.** Wählen Sie diese Kategorie, erscheint rechts neben der Menüleiste ein Plus-Zeichen. Tippen Sie darauf, um weitere Sticker-Sets angezeigt zu bekommen. Diese müssen Sie durch Antippen des nach unten zeigenden Pfeils rechts neben dem gewünschten Set herunterladen. Denken Sie daran, dass Sie dadurch Speicherplatz verbrauchen.

GUT ZU WISSEN. Über „Sticker-Apps entdecken" gelangen Sie in den App Store, wo für unzählige Apps geworben wird, die besondere Sticker bieten oder mit denen sich eigenen Sticker erstellen lassen. Diese Apps sind sehr mit Vorsicht zu genießen, die meisten sind mit In-App-Käufen und Abos verbunden, und nicht alle davon sind wirklich seriös.

Unterschiede zwischen iOS und Android

Das Google-Betriebssystem bietet eine eigene Emoji-Tastatur. Sie können sie aktivieren, indem Sie auf das Emoji-Symbol links neben der Leertaste tippen. Die Gboard-Tastatur von Android (▶ Seite 51ff) bietet die Möglichkeit, Emojis gezielt zu suchen. Geben Sie dazu im Suchfeld oberhalb der Emoji-Tastatur einen Suchbegriff ein.

Auf dem iPhone werden bereits während der Texteingabe rechts neben den Wortvorschlägen Emojis angezeigt, die zu der Eingabe passen. Sie müssen sie nur antippen, um sie in den Text einzufügen.

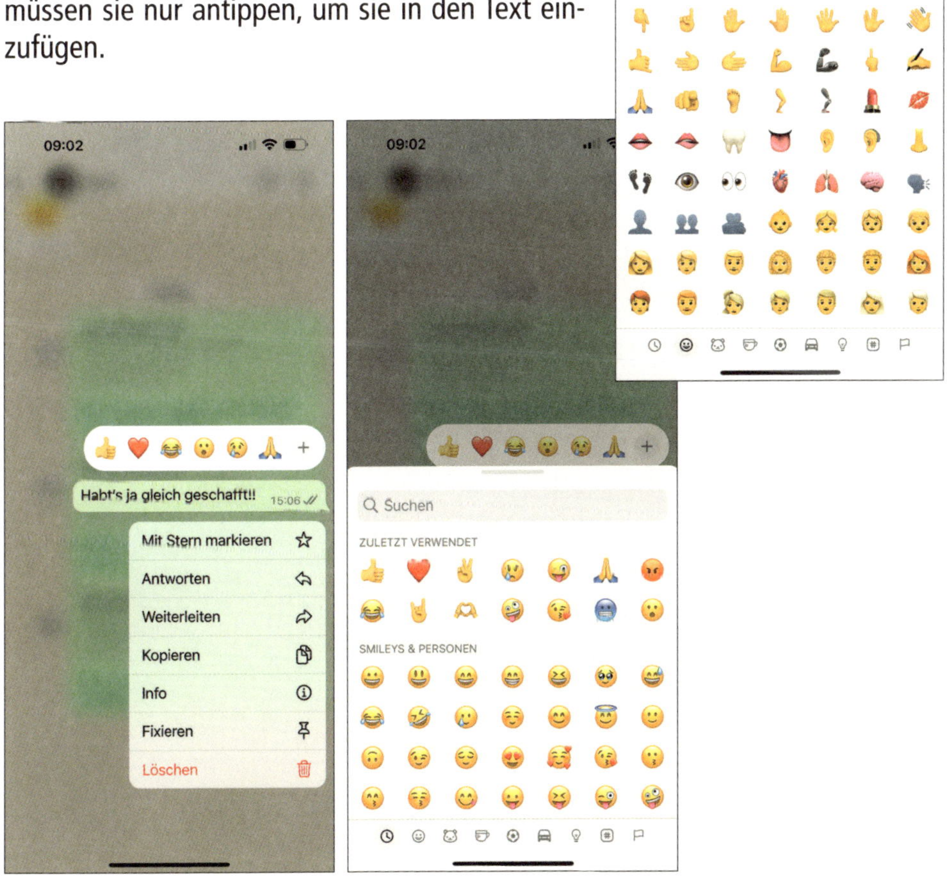

Windows 11 für Umsteiger

Eine Zeit lang hatte es so ausgesehen, als wäre Windows 10 die letzte und einzige verbleibende Version des weit verbreiteten Betriebssystems, regelmäßig versorgt mit Updates. Dann überraschte Microsoft mit der Ankündigung, dass auch die Tage von Windows 10 gezählt sind und es in wenigen Jahren durch Windows 11 abgelöst sein wird. Dieses ist mittlerweile auf immer mehr Computern (vor-)installiert bzw. bekommt man zumindest die Option angeboten, umzusteigen. Optisch hat sich gegenüber dem Vorgänger einiges getan. Funktionell basiert Windows 11 zwar stark auf der Version 10, bringt aber doch einige neue Funktionen mit sich. Das Buch richtet sich an alle Umsteiger, die auf Windows 11 wechseln möchten oder müssen. Es geht grundlegenden Fragen nach wie: Wer hat Anspruch auf ein kostenloses Upgrade? Wie klappt der Wechsel möglichst reibungslos? Weitere Themen, die im Buch behandelt werden: Erste Schritte, Sicherheits- und Datenschutzeinstellungen, Programme und Funktionen, Updates und Back-ups, Windows 11 personalisieren. Kurz gesagt: Alles, was Umsteiger wissen müssen.

ISBN 978-3-99013-114-5
208 Seiten, broschiert, € 25,–
konsument.at/windows11

Weitere KONSUMENT-Bücher
im Buchhandel oder im Online-Shop auf www.konsument.at

Das Lexikon für die digitale Welt, 2., aktualisierte Auflage

4k, Algorithmus, Bandbreite, HDMI, USB-C … Sind Ihnen die unzähligen Begriffe und Kürzel aus der Technikwelt, mit denen Sie täglich konfrontiert werden, ein Rätsel? Das muss nicht länger so sein, denn dieses Lexikon entschlüsselt die „Geheimsprache". In dieser aktualisierten und erweiterten Auflage werden mehr als 1.200 Begriffe rund um Computer, Internet, Smartphone und Smart-TV auf verständliche Weise erklärt. Ergänzend dazu gibt es zu jedem Begriff eine lautmalerische Aussprachehilfe. Schlagen Sie nach und reden Sie mit!

ISBN 978-3-99013-130-5
212 Seiten, broschiert, € 25,–
konsument.at/technik-lexikon

Weitere KONSUMENT-Bücher
im Buchhandel oder im Online-Shop auf www.konsument.at

Bessere Fotos mit dem Smartphone

Das Fotografieren mit dem Smartphone ist für uns dermaßen selbstverständlich geworden, dass viele bereits auf die zusätzliche Anschaffung einer Digitalkamera verzichten. Die Hersteller tun das Ihre, um diese Entwicklung voranzutreiben und übertrumpfen sich gegenseitig bei der Ausstattung ihrer Geräte. Doch können eindrucksvolle Pixelzahlen, raffinierte Kameratechnik und klingende Namen letztlich halten, was sie versprechen? Welche Eckdaten sind tatsächlich aussagekräftig, welche Einsatzmöglichkeiten realistisch, und wo liegen die natürlichen Grenzen der Smartphone-Fotografie? Lohnt es sich, dafür den Aufpreis für ein aktuelles Topmodell in Kauf zu nehmen? Die Wahl des geeigneten Smartphones ist bei einem Neukauf sicher ein erster Schritt in Richtung gelungener Fotos. Aber auch mit bereits vorhandenen Geräte lassen sich oft zufriedenstellende Ergebnisse erzielen, denn viele Einflussfaktoren liegen buchstäblich in der Hand und im Auge des Nutzers. Dieses Buch liefert Antworten auf die wichtigsten Fragen und gibt Tipps für alle Bereiche des Fotografierens mit dem Smartphone – von der Gerätewahl über die Kamerafunktionen, die Aufnahmesituation, manuelle Nachjustierungen und nachträgliche Bildverbesserungen, bis hin zum Teilen, Speichern und dauerhaften Sichern der Fotos und Videos. So nutzen Sie das volle Potenzial Ihres Smartphones!

ISBN 978-3-99013-103-9
160 Seiten, Flexcover, € 19,90
konsument.at/fotos-am-handy

Sicher im Internet? Alltagstipps für Handy und PC

Ob Spam- oder Phishing-Mails, ob Virenattacken, Betrugsversuche, Cookies oder das übermäßige Sammeln persönlicher Daten – wir alle sind mit den Schattenseiten des Internets und der sozialen Medien konfrontiert. War vieles davon früher auf den PC beschränkt, hat die weite Verbreitung der Smartphones auch in negativer Hinsicht neue Möglichkeiten eröffnet. Sobald man den Computer aufdreht oder das Handy zur Hand nimmt, ist es mit der Anonymität vorbei. Trotzdem gibt es Mittel und Wege, um die persönlichen Dokumente und Daten besser zu schützen. Dieses Buch deckt die wichtigsten Bereiche ab. Es hilft Ihnen, die Hintergründe besser zu verstehen, zeigt Ihnen, worauf Sie im Umgang mit Internet und Co achten sollten, und liefert leicht umsetzbare Handlungsanleitungen zur Absicherung Ihrer Geräte und Ihrer Privatsphäre. So können Sie sich mit einem besseren Gefühl ins Internet begeben und sich dessen nützlichen Seiten zuwenden.

ISBN 978-3-99013-121-3
160 Seiten, Flexcover, € 25,–
konsument.at/sicher-im-internet

Weitere KONSUMENT-Bücher
im Buchhandel oder im Online-Shop auf www.konsument.at

Das österreichische Testmagazin

Ihr Ratgeber für den täglichen Einkauf
Jeden Monat mit Tests, Reports und Analysen. Ohne Inserate, deshalb unabhängig von Firmen. Nur dem Leser verpflichtet.

www.konsument.at

Beratung & Konsumentenschutz

Wir beraten Sie vor und nach dem Kauf
Und helfen Ihnen, zu Ihrem Recht zu kommen. In **Musterprozessen** zeigen wir Missstände auf. Besserer Konsumentenschutz ist das Ziel.

www.vki.at

Test-Urteile

Test ist nicht gleich Test
Nur Konsumentenschutzorganisationen wie der VKI prüfen nach international anerkannten Standards. Deshalb ist auf unsere Testergebnisse Verlass. Strenge Qualitätsrichtlinien zeichnen unsere Arbeit aus.

Wir sind für Sie da

Schreiben Sie uns Ihr Anliegen an infoservice@vki.at oder nutzen Sie das Kontaktformular auf der Webseite vki.at

Telefonisch sind wir unter 01 588 770 Mo – Fr 9 – 14 Uhr oder unter 0512 58 68 78 (Tirol) Mo – Do 8 – 12 Uhr erreichbar.

Unseren Shop in Wien erreichen Sie in der Mariahilfer Straße 81, Mo – Do 9 – 16 Uhr und in Innsbruck in der Maximilianstraße 9, Mo – Do 8 – 16 Uhr, Fr 8 – 12 Uhr.